OLD PHOTOS

老照片

出 版 人　尹奎友
主　　编　冯克力
编　　辑　赵祥斌
特邀编辑　张　杰　丁　东　邵　建
美术编辑　王　芳

第一〇五辑

目 录

父亲李俊民的"文革"劫难

冬　冬

生活在太平盛世是一种幸福，但非常时期的经历也是弥足珍贵的，尽管那段记忆是痛苦的，令人不堪回首，但它是历史的客观存在，是我们共同的昨天。

张春桥的"钓鱼"行动

1965年11月10日，姚文元的《评新编历史剧〈海瑞罢官〉》在《文汇报》全文发表，批判京剧《海瑞罢官》的作者、北京市副市长吴晗，说他借古讽今，借海瑞的"退田""平冤狱"，与1961年社会上的"单干风""翻案风"相呼应，是"资产阶级反对无产阶级专政和社会主义革命"的阶级斗争的反应。姚文发表后，各大报纸陆续转载，号召大家展开自由讨论。

父亲李俊民时任中华书局上海编辑所（简称"中华上编"）副主任兼总编辑，专门从事古籍出版。姚文元的文章发表之前，《文汇报》将清样拿给父亲征求意见，父亲说："最后一部分最好删去。"父亲本着对历史、对今人以及对作者本

父亲李俊民摄于解放初期。

人负责的态度，用红笔勾出姚文最后一部分中对吴晗上纲上线的那一段，写上了"学术问题应与政治分开"的意见。

不久，《解放军报》也转载了姚文，编者按语很尖锐，讲《海瑞罢官》是一株反党反社会主义、反毛泽东思想的大毒草，必须进行批判。来自军方的声音让人们有种不同寻常的感觉。

临近年底时，父亲接到文汇报社通知，要他去参加"上海史学界、文艺界部分人士座谈会"，讨论吴晗的《关于〈海瑞罢官〉的自我批评》。那天是1965年12月31日，只见父亲回来时一脸沮丧，连声道："老天亡我。"说是他正准备发言时，忽然平地一阵冷风，将他事先准备好的发言稿

1953年，作者与父母摄于南京。

吹走了，他只好脱稿发言，跟着其他老先生一起讨论"清官好还是贪官好"。比较起来，这个议题虽然荒谬，但总要比"借古讽今"好说些。

　　来自高校的教授说，有学生提出"贪官比清官好"，于是大家展开讨论。大多数人都用"说不清楚""还可以讨论""可以进一步提出问题"等模棱两可的说法，复旦大学历史学教授周予同干脆提出另一个议题："在蒋匪帮时代，是否做坏教授比做好教授要好？"父亲实在不能苟同"贪官比清官好"的说法，特别是这种说法出自青年学生之口，那是要影响下一代的大问题。他忍不住脱口而出："清官和贪官有区别，历史人物的好坏还是要有区别的。"但想起会议主题就是要批判清官海瑞，父亲又进一步说明："贪官实际上是糟粕，不在话下，而清官是封建时代的精华，影响也大，这种影响并不

1953年，作者与三个哥哥摄于南京。

好，所以越是精华越要批判。"

第二天，《文汇报》的清样就送来了。父亲的目光停留在这段话上，犹豫了半天，最后一咬牙："我既然说过的话，就不用再修改了。"就这样，开会前说好是"不登报、不算账"的内部讨论，会后以突然袭击的方式公开发表了。后来，父亲的那段话被断章取义地冠以"清官精华论"而横加批判。座谈会上随便一句话，就被上升到什么"论"，这真是理论的悲哀！

早在1959年全国文化工作会议上，中宣部部长陆定一就对如何继承古代文化遗产提出了"愈是精华，愈要批判"的口号，父亲发言中所说的"清官是封建时代的精华，越是精华越要批判"只不过是将"清官"归到"精华"一类罢了。开座谈会的时候，陆定一还没有出问题，还是文化界的最高领导，谁能想到他一夜之间就成了"彭、罗、陆、杨"反党集团了呢？其实，父亲讲的这句话也没错，如果清官不是精华，难道贪官是精华？正像座谈会上蒋星煜所说"清官不光是指经济上的清，而有清正（有正义）、清廉（不贪污）、清明（不糊涂）等涵义，清官的对称包括酷吏、贪官、糊涂官"。至于说"越是精华越要批判"，封建社会的清官维护的是皇帝老儿的天下，莫说是在以阶级斗争为中心的20世纪60年代，即使拿到现在来说，几千年封建社会留下的落后影响，恐怕在很长的历史时期内，都应该进行有批判地继承。

参加这个座谈会的大多是各个大学的历史系教授，来自出版系统的只有父亲和他单位的两位同事。"文革"后，主持那次座谈会的原《文汇报》总编辑陈虞孙告诉父亲，是张春桥点名叫他参加座谈会的。

这些与《海瑞罢官》浑不搭界但又不愿跟着姚文元"指鹿

1955年12月，李俊民夫妇携小女冬冬留影。

为马"的老知识分子们，只因张春桥选中了他们，便被传去参加这个所谓的"内部讨论"座谈会，莫名其妙地掉进了政治陷阱。

在姚文元的《评新编历史剧〈海瑞罢官〉》发表之前，张春桥已经召开过两个座谈会"征求修改意见"。11月5日的参会对象是党内专家，11月7日是党外专家，父亲参加了其中一次座谈会。到会的专家们异口同声地反对姚文元的生拉硬扯、无限上纲，提了好多意见。毕竟"修改意见"不能发表出来作为"整人"的依据，所以，在姚文见报后，张春桥指令《文汇报》开辟"讨论"专版，登门向诸多知名人士约稿，可是回应寥寥。眼看一个半月都过去了，史学界、文学界里的绝大多数权威人士还是不写文章。张春桥又生一计，发出指令，再召开一次座谈会，"请他们来"！为了让鱼儿们上钩，张春桥刻意营造一个"畅所欲言"的氛围，自己不出面，授意《文汇报》编辑部的人做好记录，然后整理成文，白纸黑字地登在报纸上。

父亲以前参加过类似的座谈会："反右"前夕参加过一次，结果到会的两个人被打成了右派分子；"反右倾"之前又参加过一次，叫做"神仙会"，畅所欲言，结果会后遭到了批评。所以，父亲对"先放后收"的政治运动程序并不陌生。但是父亲不能同意全盘否定历史上的"清官"，对生拉硬扯地将历史人物与现实政治挂钩，更是坚决不能接受，这是捍卫唯物主义历史观的最后一道防线，在原则问题面前，父亲是决不肯做一个懦夫的。

第一个"反革命修正主义分子"

在1966年5月召开的中央政治局扩大会议上，有一项会议议程是听取上海文化革命小组组长张春桥介绍批判《海瑞罢官》的经过。张春桥在会上说：姚文发表前请一些上海的史学名家提意见，他们最反对的是"最后一部分"，那是讲的政治问题。他们把姚文元叫做棍子，一向是打人的。这时有点思想准备了，看来文章出来后会有大战……

张春桥在发言中故作玄虚，明明是他再三动员大家参加学术讨论，到了中央他却讲成是资产阶级右派的进攻，而自己是如何顶着压力进行艰苦的斗争。他的发言为这次会议通过的《五一六通知》对国内阶级斗争形势的评估提供了"依据"，也为自己进入中央文化革命小组当副组长积累到一笔政治资本。

1966年6月，继姚文元等人进一步对北京"三家村"吴晗、邓拓、廖沫沙"反革命集团"的批判，以及党中央对这个"反革命集团"的根子——前北京市委的改组，上海以更大的声势抛出了一群"反党反社会主义分子"。

6月10日，市长、市委书记处书记曹荻秋在全市干部大会上宣读了张春桥负责起草的《讲话》，点名批判了一批"党内外资产阶级代表人物"和"资产阶级学术权威"，其中点到了我父亲的名字：

中华书局上海编辑所总编辑李俊民，也是共产党员，他一贯对党进行恶毒攻击，放出了大量的封建主义毒草。我们要问：这又是为了什么？……

1950年代，作者母亲（中）在上海交通大学接待刘胡兰的母亲。

大会之后，《解放日报》每过几天就刊登一整版大文章，公开点名批判了上海学术界、文艺界、教育界的贺绿汀、周信芳、李俊民、瞿白音、李平心、周予同、周谷城、王西彦等八人，大多冠以"资产阶级反动学术权威""反党反社会主义分子"等称呼。父亲的"帽子"与其他人不一样，报纸上用最大最粗的字体印出来的标题是："李俊民是彻头彻尾的反革命修正主义分子。"

人们第一次看到"反革命修正主义分子"这种政治帽子。解放后历次政治运动，除了"胡风反革命集团"之外，对右派分子、右倾机会主义分子，都没有提高到"反革命"的高度。认识父亲的人们都被震惊了，他们原以为搞文化革命嘛，总要树几个反面典型，批判一阵，本人再检讨一下，就过关了。李俊民1925年加入中国共产党，尽管在1929年失去组织关系，但依然自觉地参加革命活动，直至抗战爆发后重新入党，是一个历史清白、言行谨慎的人。这次响应上边的号召参加学术讨论，就算讲错了一句话，也不能算组织错误。他们绝对想不到李俊民会给打成"反革命"。"文化大革命"究竟是一场什么运动啊？后来，这种政治帽子从上海推广到全国，作为对"党内走资本主义道路当权派"的别称，大家也就见多不怪了。

1966年6月25日《解放日报》刊登了批判李俊民的大块文章，作者署名"闻华、葛岷"，是"文化革命"的谐音，这样的笔名一般都是写作班子的别称。

文章的上半部分是批判父亲反对姚文元对《海瑞罢官》的批判。闻华、葛岷在文章中批判父亲在《文汇报》座谈会上所讲的"清官是精华"，他们也知道直接批判"清官"要被世人耻笑，便挖空心思从周予同在那个座谈会上的发言中找出一句"吴晗是好人，是清官"，以此批判父亲"把吴晗说成'精华'，把右倾机会主义分子和一切反党反社会主义的人都说成是'精华'"。

文中有一个例子，讲父亲指使单位里的一个青年编辑花了两个月的时间，翻遍二十四史，写了几万字关于"清官"来历的考证，来证明"清官"的称号来自民间，也就是说，"清官"是人民对爱民好官的称呼。6月26日《解放日报》上有这位青年单独写的揭发文章，说他没有按父亲要求写《清官考》，而是写了一篇批判吴晗的文章。他将文章拿给父亲看，不料父亲看了以后，翻出毛主席1957年《在中国共产党全国宣传工作会议上的讲话》读给他听："我们现在有些文章，神气十足，但是没有货色，不会分析问题，讲不出道理，没有说服力。……我们应该老老实实地办事，对事物有分析，写文章有说服力，不要靠装腔作势来吓人。"接着，父亲又说："这些话，你还不够资格，还有一段话更适合你，一时找不出来了。"这说明父亲引用的语录是针对姚文元的。

文章的下半部分是对父亲1962年为《儿童时代》杂志所写《杜甫回家》一文的批判。文章将《杜甫回家》与《海瑞罢官》相提并论，甚至将《海瑞上疏》《海瑞罢官》《杜甫回家》说成是一"骂"、一"罢"、一"复"（复辟）的"反革命进军三部曲"。凡是父亲写到杜甫批评皇帝的，便是影射伟大领袖；凡是写到杜甫想念皇帝的，便是要蒋介石反攻大陆。文章说父亲对"安史之乱"中老百姓困苦生活的描写，是影射"三年自然灾害"："什么'没得什么鲜的肥的'，在杜诗中连半点影子都没有"。于是，《杜甫回家》这篇小文章成为父亲反党反社会主义的主要罪证。

闻华、葛岷的批判文章见报后，父亲这个默默无闻的出版人一下子成了路人皆知的"反革命"，上海各大报纸纷纷刊登工农兵革命群众的"来稿"，愤怒声讨李俊民"为蒋介石招魂"，但到底是哪个皇帝代表着蒋介石，谁也搞不清楚。

我们全家都陷入了人民战争的汪洋大海，最让父母难受的，是每天孙女小岑上幼儿园，一出门就被马路上的孩子们追着扔土块，连护送小岑的邬阿姨也被骂作"反革命的狗腿子"……

父亲从来没有经受过这么大的政治压力，这种压力之所以让人难以忍受，是因为自己终身追随、为之抱有满腔忠诚的党认为自己是反党分子；自己真心挚爱、为之贡献毕生精力的人民以为自己是人民的公敌。父亲一向倡导有人情味的领导作风，将单位里的同事都当作自家人一般，但一夜之间，同事们便像躲避瘟疫似的，没有人敢和他说话，更没有人能够帮助他。

父亲绝对不能接受写《杜甫回家》是为了反党反社会主义的说法，在批斗会上，他急得双脚跺地，大呼"冤枉"。他想解释，想申诉，但是没有人接受他的解释与申诉，因为他已经是属于"敌我矛盾"了。尽管如此，他还是找到单位里的党支部书记戚铭渠，倾诉道："我没有反党反社会主义啊，我成了时代的牺牲品——"话音未落，已是抱头痛哭。哭声惊动了单位。那时，单位每天都要按人头统计所写大字报的数量，人们挖空心思地找材料写大字报，此时正好有了题材，于是，"鸣冤叫屈"啦，"凶恶反扑"啦，大字报铺天盖地，三四个月就累计达到一千多张，经验总结登上了《文汇报》。父亲被公开点名之后，单位的另外两位领导戚铭渠、陈向平也未能幸免，与父亲一起成为"中华上编"的"三家村"。

　　作者侄女小岑在幼儿园排演舞蹈《亚非拉人民要解放》。小孙女可以参加社会活动，是我父亲在"文革"初期的一大精神安慰。

张春桥为何揪住父亲不放

1968年8月工宣队进驻上层建筑单位，掌握了领导权。"中华上编"几位青年编辑向进驻本单位的工宣队提出"解放"父亲的建议，说父亲"对鲁迅先生的感情是深厚的"。工人同志是质朴的，在他们看来，父亲的问题根本就扯不上敌我矛盾，他们就像办自己的事一样张罗着"解放"李俊民。有人提醒他们，李是张春桥、姚文元点名的，但他们不予理会，而是派出外调人员找粟裕将军核实父亲的党员身份。

那时社会上到处抓"假党员"，原来的组织档案都不算数了，所以要重新核实父亲的党员身份。负责外调的两位同志去了北京，原想通过粟裕的秘书问一问，已经是很满足了，没想到粟裕将军亲自出来与他们见面。他们以为将军指挥千军万马，必是英武神威，但看到的却是一位十分朴素、态度温和的老人。粟裕明确地对他们说，1941年2月，是他和新四军一师政委刘炎两人作为李俊民入党介绍人，发展李重新入党的。那时，父亲已被任命为新四军外围联抗部队副司令。

共和国的开国元勋永远是人民群众心中的丰碑，工宣队的师傅们认定将军发展的党员不是坏人。他们的意见是：父亲历史清白，不是"假党员"，是旧市委抛出来"丢车保帅"的。于是，经出版局工、军宣团批准，宣布"解放"父亲，并通知各子女的单位。

宣布"解放"，恢复组织生活，使父亲沉浸在喜悦中，决心进一步加强思想改造，继续为党做工作。不料，在五七干校劳动期间，他的组织生活忽然又被停止了，又开始对他进行批

1975年，父亲与母亲合影。

斗。父亲不理解，问单位领导："我没有犯新的错误，表现积极也是大家所公认的，为什么会这样呢？"领导搪塞说"上级还没有批准"。事后，父亲才知道张春桥到上海，听到出版系统"解放"了父亲和上海文艺出版社的刘金（小说《战斗的青春》责任编辑），大发雷霆，说刘金和李俊民是"无产阶级司令部"点的名，怎么把他们"解放"了？一位工宣队师傅还悄悄地告诉父亲："说你是江青点的名呢。"

　　江青在1968年2月天津会议上点过刘金的名，这是有文字记载的。其实，张春桥将父亲的名字排在刘金的后边，是用了一个障眼法，目的就是让人们以为父亲也是被江青点的名。因为坊间流传父亲是张春桥在济南时的中学老师，学生整老师，总是不太光彩。后来，父亲的组织生活一会儿停止，一会儿恢复，父亲称之为"三起三落"。"张春桥为何揪住自己不放"，这个问题始终缠绕在父亲心头。1974年底，市革会组织组对父亲做组织结论，仍然是因为《杜甫回家》，给予父亲留党察看一年的处分，父亲沉浸在悲愤之中。

一天，"文革"开始后搬进来的邻居们都出门了，家中就剩下我与父亲两人，父亲悄悄地对我说起他对张春桥的怀疑——1965年，张春桥在上海陪同江青观看华东地区现代戏曲优秀剧目汇演，并召开座谈会征求意见。有一天会后，张春桥留住父亲，要父亲为出版系统一位领导同志在济南求学期间的政治表现写份证明材料。父亲20世纪30年代在济南省立高级中学任教，与学校中共地下组织联系密切，党支部经常在他家开会，每次都由我母亲替他们望风。另外有两位学生也经常来串门，一个叫马吉峰，还有一个就是张春桥提到的那位。两人对父亲很亲近，陪我大哥（那时大约一两岁）玩耍，给父亲讲文艺圈子里的趣闻。但党支部却怀疑这两人与蓝衣社有关系，让我父亲提高警惕。面对张春桥的要求，父亲觉得应该对党负责，便借口自己并不了解，婉言拒绝了——我听完父亲的叙述，忍不住心惊肉跳，说了一句："狐狸尾巴露出来了。"1967—1968年间，上海已经发生过两次"炮打张春桥"，人们怀疑张春桥是叛徒，但却拿不出证据。凡参与"炮打"的学生都挨了整，关的关、流放的流放；如果父亲的话传出去，那还不得送了命？

1976年5月，"天安门事件"被镇压之后，上海的报纸天天散布紧张空气，说是要抓从北京来的长胡子的"黑手"。这时我家来了一位贵客，他的名字叫田海山。1931年，父亲离开北平，至山东聊城省立第三师范任教，与学生中的共产党员田海山（唐书春）来往甚密，田海山被校方开除，父亲亦被辞退。尽管两人相处只有短短的一个学期，但他们之间的革命友情与信任却历久弥坚。田海山长期从事党的组织人事工作，"文革"前是中共山东省委党校负责人。这次他从济南到北京，又从北京转道上海，是专程来看望父亲的。到上海后，他并不去住旅馆，而是与我父亲挤在一个房间里（我家只剩下一个房间），日日促膝长谈。父亲终于忍不住向他询问张春桥的历史情况，结果，他们两人的怀疑是一致的。

1976年10月，"春风一夜绿江南"，"四人帮"垮台了，中央派来的工作组接管了上海，父亲揭露张春桥历史问题的大字报挂进了市府大厅。不久，中共中央文件（中发[1977]10号文）正式下发，其中有马吉峰1968年6月27日在押期间的亲笔供词，交代他与张春桥等人参加的文艺团体"华蒂社"是由复兴社组织的。另有张春桥填写的履历表影印件，表明张春桥隐瞒了这段历史。我现在才知道，张春桥要我父亲证明的那位同志早在1964年已患重病，丧失了工作能力。张春桥只不过是借他人之名，刺探父亲是否了解他自己的底细罢了。

1978年2月6日中共上海市委对父亲复查结论予以批复，同意撤销市革会1974年12月所作的对他留党察看一年的处分决定。父亲赋诗云："冬云开处听惊雷，暖上心头双泪垂。一蛰十年悲伏枥，讵知大地又春回！"父亲以73岁高龄就任上海古籍出版社社长兼总编辑，为传承和发展中华民族丰富灿烂的文化遗产继续贡献自己的力量。

街拍女王薇薇安·迈尔

曾　毅

　　薇薇安·迈尔（Vivian Maier）是美国20世纪中期杰出的现实主义街头摄影家。她一生拍了15万张底片，生前却从未发表和展出，甚至绝大部分底片和胶卷都未经冲洗。一位大隐于现代都市的底层女性，一生以保姆为职业，视摄影为生命，用一部禄莱相机在芝加哥、纽约等地的街头捕捉了成千上万的经典瞬间，为人类、为历史、为社会留下了一笔丰厚的影像遗产，生前却一直将其隐匿于皮箱之中，秘而不宣。

　　有人将她比作当代的梵高，说她的作品有布列松和杜瓦诺的影子，称她为女性版的卡拉汉和弗兰克，并将她与阿勃丝相对照，甚至被称为近年来摄影界最重要的发现和20世纪60年代的天才摄影师，是美国60年代街头摄影史中被历史忽略的一个重要人物。著名艺术评论家罗伯塔·史密斯评价："她的街拍纪实摄影完全可以跟世纪大师比肩，20世纪的摄影史上写进她一笔不会只是可能。"《纽约时代》专栏评论："哈利·卡拉汉是人们拿来和薇薇安·迈尔比较的众多摄影大师之一。"《英国卫报》则评论："薇薇安非常有先见之明，她的一些作品让人们想起黛安·阿勃丝的作品，但薇薇安作品又远在黛

薇薇安自拍照，纽约，1953年10月18日

安·阿勃丝之前。薇薇安做的许多事情都远远超越了她的时代。"

甚至连上帝都叹息她的才华，指定了一个契机让世人发现了这位特立独行和拥有双面人生的薇薇安，成了一个美国式的传奇，成了一个摄影界的神话，引起了世界各国影像研究专

无题，1955年

无题，时间不详

家、学者及摄影师们的高度关注。

　　薇薇安1926年生于纽约，自幼随母亲在法国长大。小时候薇薇安的父母离异，她和母亲与一位叫珍妮·贝特朗（Jeanne Bertvand）的摄影师，住在同一幢楼房里。珍妮对青少年时期的薇薇安产生了重要影响，以至于后来摄影变成了薇薇安的一种生活方式。她25岁从法国回到纽约，1956年搬到芝加哥，在芝加哥为詹世博家族做了16年的保姆。薇薇安对自己的保姆身份不屑一顾，她骨子里有一种法国人的清高和孤傲，常对政治和美国电影发表意见，并受到雇主的尊重和理解。正是当年詹世博家族允许她将一间厕所改造成暗房，所以才使得她有条件

纽约，108号东大街，1959年9月28日

22

无题，时间不详

和机会完成她的拍照和冲洗工作。1972年因孩子都大了，她便离开了詹世博家，去了丹纳休和乌瑟斯金家做保姆。到了2007年，生活窘迫的薇薇安已是81岁的老人，她因无力支付七个用于存放胶卷和杂物的仓储柜的租金，而被迫拍卖柜中的东西抵债。次年，她摔伤后被她看大的詹世博家三个孩子送进疗养

自拍，时间不详

院，之后再也没有出来，直到2009年4月她离开人世。

　　或许这就是上帝的安排，被拍卖的薇薇安40年间拍摄的15万张底片、照片及未冲洗的胶卷，却戏剧性地被芝加哥老照片收藏家斯莱特里（Ron Slattery）第一个买下了其中的两千多张照片和底片，随后地产商马洛夫又以380美元买下了一大批薇薇安的底片、胶卷和杂物。斯莱特里把这些照片放到了网上，马洛夫找到了当年薇薇安看过的孩子和她的邻居，听他们讲述薇薇安的故事，自费拍摄了纪录片《寻找薇薇安》，并获得了奥斯卡最佳纪录片奖。同时，英国BBC找到了第一个收藏薇薇安照片的斯莱特里和专门从事薇薇安研究的学者、芝加哥西北大学教授帕米拉（Pamela Lynn Bannos），还有当年与薇薇安有

无题，时间不详

过接触的邻居，通过斯莱特里收藏的大量的薇薇安生前亲自洗印的照片和底片，沿着当年薇薇安曾经走过的路重新去寻找薇薇安的影子，深入地对薇薇安的影像进行了专业研究和解读，拍摄了与马洛夫的《寻找薇薇安》不一样的英国BBC版的纪录片《薇薇安》。两部影片差不多同时于2013年下半年先后在美

无题，1954年3月

纽约，时间不详

国及世界其他地区上映，几乎是一夜之间薇薇安的传奇故事传遍了美国、传遍了世界，在各国产生了广泛的影响，并引起世界各国影像专家、学者以及摄影师们的高度关注。

　　由于网络的迅速传播，薇薇安的传奇自然也在亚洲、在中国引起了广泛的关注。2015年1月，山东工艺美术学院墨子

自拍，1955年2月

芝加哥，1956年6月7日

国际影像研究院影像研究课题正式立项，准备组织一些国内外的专家、学者对薇薇安现象及其影像进行全面的梳理和深入的研究。初步设想先把薇薇安的原作展览引进来，并通过薇薇安这样一个典型的摄影家案例，进行多方位、多视角的探讨和研究，让中国更多的摄影师和爱好者进一步了解和认

纽约，1953年1月

识薇薇安。这对"全民摄影"的当下中国，应当具有显而易见的现实意义。

对薇薇安，我们最初也只是从那两部薇薇安的纪录片以及网上支离破碎的一些零星报道中获得了一些信息。首要任务，是要想办法把薇薇安的原作借到国内来展出，我便通过美国的

纽约，时间不详

佛罗里达，1960年4月7日

一些朋友去寻找，当然不是寻找薇薇安，而是寻找马洛夫。后来虽通过各种渠道终于获得了马洛夫的电话和邮箱，并一直试图与他取得联系，但始终未得到他的任何回复。后来发现，他不愿露面也有他的原因，尽管他花钱买了这批底片，但是根据美国法律，薇薇安的这批作品版权的归属仍存在分歧和争执。

薇薇安虽没有亲人和子女，但是薇薇安生前一个遥居欧洲的"老死不相往来的"远亲，却对这批东西提出了版权诉求，并且美国当局也已介入了这桩版权纠纷。因为怕惹上官司，马洛夫谨慎小心，从不出头露面，一直是让他的代理画廊来全权办理相关事务。经过半年多的努力，在美国朋友及一些机构的热心帮助下，一个有50幅作品规模的薇薇安不同时期经典作品的原作展览终于组织成功了。相继在北京、丽水和济南进行了展出与学术研讨，广受关注。

薇薇安在摄影圈内外所引起的巨大反响，历史上还没有哪一位摄影师能出其右。当然这与薇薇安的保姆与摄影家双重身份的巨大反差，以及她神秘而传奇的人生有关。但仅靠这些，还远不至于让全世界的人如此痴迷地去寻找和关注她。对这位具有非凡精神的传奇"街拍女王"，人们到底应该如何去看待和评价呢？她四十年如一日孤独地坚守拍照，是什么精神在支撑着她？难道只是简单的爱好和追求吗？她的生命意义到底在哪里？薇薇安给我们留下了太多的精神与生命的追问。著名理论家陈小波说："一个大隐于市的底层女人，却留下了最具学术含量和价值的东西。"美国芝加哥西北大学教授帕米拉说："薇薇安首先是一位摄影师，其次才是一个保姆，她做保姆是因为她需要一个住处。"在"再寻薇薇安——中美专家论坛"上，著名理论家臧策则认为："作为一位女性摄影师，薇薇安似乎已达到某种极致，她在摄影史上的地位有待于摄影史学者们去讨论，但就更深层的意义而言，或许薇薇安的人生才是她最高层面的作品。"

1989年：大西北采风记（下）

王秋杭

向西向西

我和"洋马"（作者同伴王和平，下同。——编按）依依
不舍地离开了佳县。告别了黄河后，我们把目标锁定了甘肃和
宁夏。于是向西，首先到达榆林。

榆林尽管是一个不小的城市，但楼房几乎没有，加上已是
深秋季节，树叶也都落尽，感觉有几分荒凉。只待了一天，也没
拍到什么。第二天一早就上长途车站买了去靖边的车票。下了车
一看，更加荒凉。不行，再往西，来到定边，几乎跟靖边一样，
气温也急剧下降，西北风一个劲地刮进脖子里，往袖子里、裤管
里钻。我们已经把所有的衣裤都穿上还是有点抗不住。

洋马打退堂鼓了，拼命地嚷：南下、南下！可我不死心，
偏不信这边关要塞硬是没啥好景可拍？于是就跟他商量：再往
西走一站，到盐池。可车到盐池居然飘起了雪花，天阴沉沉
的。结果连车站都没出，直接买了南下到咸阳的通票。从盐池
出发，一路都是荒凉的盐碱地，大片大片望不到边的土地，寸
草不长，一片片白花花的分不清是积雪还是盐碱，人烟稀少。

我的心就像那天空一样灰蒙蒙的，心想我们俩的陕甘宁采风也就差不多该画上句号了，再也拍不到好片子了。盘点下来，壶口那几张肯定没戏，在佳县也就香炉峰有点意思，其他再就人物有点特点。关键是胶卷消耗才刚刚过半，还有整整两盒10卷柯达120专业彩色负片没照完。我后悔拍得太抠，为什么不多拍一些？

在车上一直半睡半醒，这天傍晚车开到一个叫甜水堡的地方过夜，司机告知，明早7点整准时发车，我和洋马扛着摄影器材和旅行袋跟着人群来到车站旅店。等安排好房间，到车站食堂每人吃了一碗面条出来，整个镇上已经漆黑一片，想起口袋里还装着在榆林就已经写好并贴了邮票，就等找到邮局就往信筒里一扔的家信，也没法寄出去。心想老婆肯定要挂念了，可又有什么办法呢？回到旅馆翻开地图，才知道这个叫甜水堡的地方地处宁夏和甘肃交界处。然后照例每人一只脸盆、一壶热水、一块自己的毛巾，从上到下擦了几把后，赶紧钻进又硬又冷又沉的被窝。

垄原奇景

第二天一大早，背上所有行李，到食堂买了几张大饼上了车。7点过后，长途车载着满满一车人从甜水堡出发了。整个天灰蒙蒙的，很快车就上了山岗，在山顶上盘旋着，车窗外一片灰白，能见度极低。

正在迷迷糊糊之际，突然，一道金光从车窗外掠过，我急忙睁大眼睛向窗外望去，只见不远处一座黄土高坡被破晓的阳光披上了一层耀眼的金光，我情不自禁"哇"地叫喊起来：

垄原冬色

金色的黄土地

"停车！快停车！"车刚停下，我跟洋马就抓起摄影包和三脚架冲下去。在公路边上一个小土坡上架起"勃朗尼卡"，咔、咔、咔一阵猛拍……一卷柯达120专业彩色胶卷迅速被"谋杀"。正待换卷，只见洋马还在那里往他那台玛米雅120双镜头反光相机里填上海黑白卷。我立马掏出一个柯达120专业彩色负片递过去，道："快换彩卷，黑白管屁用。"洋马从未拍过专业彩色片，接过彩卷竟然放进口袋道："这么好的彩卷留给老婆拍去。"足见他想老婆到了何等程度。

半小时过去了，车还停在旁边丝毫未动，满车的人竟然一句话都没有。我冲过去对司机大声喊："你们走吧！"司机说："不急，拍吧！我们等，今天就这么一班车，你们不走就得等到明天这时候了，这里又没招待所。"我说："你们走吧！让那么多人等我们俩不好意思，我们还早着呢。"

在我们俩的再三催促下，长途班车终于开走了，山顶上只剩下我们俩。突然的寂静，使我感到从未有过的孤独。拍完了这一边，我们再跑到公路的另一边。这边朝西，洁白雪山的奇景让我再次震惊！这简直就是银色的天堂一般。我镇定下来对洋马说："一定要有人陪衬！可是上哪儿去找人呢？"正在发愁，只见公路下面走过一个人影。我们赶紧走下公路去，看到一户窑洞人家。严格地讲是一眼快塌的窑洞，刚走过的小伙子就是这家的。我们上去问："小伙子，你们家有羊吗？"他说："有！两只。"我说："两只太少，能不能多赶几只？我们要拍照。"他说："那得一家一家去赶。"我说："好！"看他有点迟疑，我忙说："我们给钱，劳务费！五块钱！"他不答话，跑进窑洞里。不一会儿，一位大娘出来对我们说："同志！我们不收钱！"我说："应该的。劳动所得嘛！"她

垄上之光

说："这点事不算什么劳务。"她死活不肯收。我灵机一动说："这样吧，我们俩还没吃早饭，就在你们家吃吧，你们吃啥我们吃啥，这五块钱就算是饭钱。吃饭要付钱可是老八路的老传统啊！""啊呀呀！哪要五块钱，几分钱的事，太多了，不敢要的。""我们要赶时间，这就先去拍，回头再回来吃吧！"

那小伙先把自家的两只羊赶出来，再一家一家去赶。我和王和平赶到山坡上架起了勃朗尼卡。大约过了一个小时，羊赶来了，大约十来只。我们的相机又"咔、咔、咔"地响起……我感到爽极了。收工大约是十点，回到窑洞，哇！两大碗手擀面条，每碗上面两只黄澄澄的鸡蛋，好几天没吃到如此美食

妞妞吃大碗

了，仿佛回到了家一样……

　　吃完面付钱，大娘只肯收一块，我们也没办法。出了窑洞，见到一位四五岁的小女孩正捧着一只大海碗吃饭。我上去一看是玉米糊，于是急忙掏出相机为她拍了一张。我问大娘："这是你的闺女？""是啊，要是你喜欢，就把她带走吧！"我不知怎么，心里"咯噔"一下。抬头望望那快塌了的窑洞门，木门框上钉着一块早已褪了色的"光荣军属"红牌牌，不知该说啥才好……我们告辞了，大娘一直送我们上了公路，就像送亲人一样："下回再来啊，大娘再给你们擀面条吃！""好的，下次再来！"我的双眼已经湿润了……

　　走上公路，照例拦车。没想到还真让我们拦下一辆重庆长

旁听的孩子

途运输公司的大货车，空车，就一位年轻驾驶员。他看了我的中摄协会员证后，十分爽快地道："上车吧，我到重庆，你们去哪？"我急忙道："跟你上重庆。"驾驶室里正好还能坐下我们俩人，驾驶员帮我们把摄影包、旅行袋、三脚架统统塞到座位底下。一路南下，简直是爽极了，不但弥补了我们从盐池到咸阳的车钱，还省了咸阳到重庆的路费。不知怎么的，在地图一看到重庆，就感到离家很近了，归心似箭啊！

从重庆经上海，辗转回到杭州后，我把两个采风小组的片

羊和娃

垄上牧羊人

垄中汉

子选了一组，又费了九牛二虎之力拉来500元企业赞助款，在
西子湖畔湖滨画廊办了一个《大西北采风记》摄影作品展览。
因为这是杭州市摄影家第一次组团远程采风创作，加之杭州市
民绝大多数还没见识过大西北究竟是啥样？因此这次展览特别
受关注，又上报纸又上电视的，很是热闹了一阵。

后来，参加这次大西北采风的会员作品在全国各大摄
影比赛中频频获奖，潘杰的一组黑白风光作品还登上了《中
国摄影》杂志。我获的奖也不少，拿奖金最高的是那幅在甜
水堡拍摄的《垄原冬色》，1998年获"柯达杯丝绸之路摄影
大奖赛"银牌奖，奖金人民币5000元。赴西安领奖，往返双

定边一瞥

垄中代销店

垄中水贵如油

卖水果的爷孙俩

走亲家

飞，住五星级酒店。颁奖大会非常隆重，陕西省领导、省旅游局领导、美国柯达公司总裁等都来了。获奖者们站在领奖台上一边互相握手、祝贺，一边等待领导们挨个儿讲话。这才知道获奖者仅我一位是外省人，其他全是本省的。难怪就安排我一人住豪华套间。

　　主办方还组织我们在西安各景点旅游、创作。不知为什么，这种全包的旅游我一点都提不起精神来，因为不接地气。脑子里一直怀念那住在破窑洞里、送我们上路的大娘，若没有她儿子一户一户去赶出来的那群羊，若没有他一遍又一遍来回地赶，我能得奖吗？还有大娘那热气腾腾的鸡蛋手擀面、捧着大海碗对我憨笑的妞妞，早已像刀一样铭刻在我心里……

（连载完）

家族里的空军抗日烈士

马庆芳

　　伟大的抗日战争已经结束70年了，在这场全民族总动员，长达14年的惨烈战争中，数以百万计的青年拿起武器奋勇杀敌，成为抗战中坚力量。我的家族——宁波鄞县父亲的马家和母亲的翁家，也有六位陆军军人和三位空军军人投身疆场。

　　参加陆军的是堂叔马文冲、堂姑父孙烈、大叔马蒙、堂叔马彦祥、三舅翁心植和表舅翁心钧。堂叔马文冲是四爷爷马衡（抗战时任故宫博物院院长）的次子，为1937年黄埔军校11期毕业生，曾经参加南京保卫战身负重伤，住院70天康复后又任骑兵连长重新参战；堂姑父孙烈是马衡长女的丈夫，他是哈佛大学医学和药剂学双博士，中国第一个军用制药厂的创始人和厂长，1939年亲自进入云南原始森林采集原料以制作急需的金鸡纳霜，不幸染病去世，军衔少将；大叔马蒙1939年在燕京大学毕业后冒险逃离日占区，在西安参军，曾经担任香港大学中文系主任、全国政协委员；堂叔马彦祥是马衡的次子，他是著名戏剧家，抗战时曾在军队工作，军衔上校；三舅翁心植院士战时在中国远征军二〇五师野战医院任军医；表舅翁心钧是翁文灏（抗战时曾任行政院副院长等要职）的次子，抗战时期曾在军队担任盟军英语翻译。

家族的三位空军战士是二叔马豫（本文作者在《老照片》第64辑有专文介绍他的抗日事迹）、表舅翁心翰和姨父柳东辉，分别是轰炸机、驱逐机和运输机驾驶员。他们战斗在更危险的岗位，翁心翰和柳东辉以身许国，成为抗日烈士，留下了更多可歌可泣的事迹，成为后辈永远的榜样。

翁心翰烈士

翁心翰（1917—1944）是我的表舅，其父翁文灏是我外祖父翁文澜（留法医学博士，天津名医）的堂兄。翁心翰自幼聪颖爽直，富有正义感。九一八事变后日寇加紧侵犯中国，正在北京汇文中学读书的翁心翰悲愤不平，1935年瞒着最疼爱他的祖父翁勉甫，毅然投笔从戎，报考空军官校，为此事心翰在家信中写道"誓牺牲命卫邦国，不为私人作牛马"，表达了誓死卫国的决心。1938年12月1日，他以优良成绩毕业于空军官校第八期驱逐组。他说："我从不想到将来战后怎样，在接受毕业证书的时候，我就交出了遗嘱，我随时随地准备着死！"毕业后他在空军第三大队担任驱逐机飞行员，驻重庆白市驿空军基地，担负保卫重庆和成都的任务。图1是心翰的戎装照，图2是他身穿飞行服与战机合影。透过英武帅气的身影，不难看出这位爱国军人的刚毅和正直。在1939年5月一次空战中，战机突发故障，他沉着应对，以高超的技术驾机安全返航，得到上级传令嘉奖。他还曾在成都上空击落敌重型轰炸机，被记功两次。由于此时使用的苏制战机性能较差，航程较短，敌强我弱，敌众我寡，中国战机只能频繁升空作战，甚至一日数次升空搏杀。他们常常要在遭敌机轰

图1 翁心翰戎装照

炸破坏的跑道上起飞或降落，有时只能在公路和田野迫降，这也磨练了翁心翰的战斗意志，提升了他的作战技能。

1940年翁心翰参加了日本零式战斗机首次投入实战的重庆璧山空战，9月13日我方34架伊15、伊16苏制战机与日寇30架零式和九七式战机展开激战。双方战机性能相差很大，我方主力机型伊15还是双翼机，而日方的零式战斗机具有速度、机动性和航程等多方面优势，此后两三年在亚洲及太平洋战场四处逞凶，罕有对手。而且璧山空战时我方对零式机性能完全不了解，日方飞机处于上方，具有高度上的优势，虽然空军勇

图2 翁心翰和他的战机

士奋力搏杀，我方还是损失惨重。共损失飞机13架，损伤飞机11架，阵亡10人，伤8人，而日方只有4架飞机损伤。翁心翰驾驶伊16战机参战，所幸无恙。翁文灏当天得知空战惨烈我方失利，晚上写信给爱子："安危如何？未知确息。为国努力，不惜性命。思之黯然。"心翰回信说："飞机损失太多，是苏制飞机性能太差所致。"

此后中国空军已无实力大规模正面反击敌空军，只能暂时避战保存实力，直至接受了美国空军和战机的援助，情况才有逆转。壁山空战后一段时间，翁心翰从事航空士官的培训工作，后又赴印度接受美P-36战机飞行训练。

1944年夏进驻芷江空军基地时，翁心翰已升任第十一大队驱逐机中队上尉副中队长。其时战斗极为激烈，最多时曾在两天内八次率机升空作战。9月湘桂会战，日军占领衡阳，侵犯广西，桂林危急。9月16日第十一大队副大队长李继武率12架战机执行攻击全州日军及侦察桂林情况的任务。翁心翰是第三分队领队，率三架战机，在途中击退了敌人侦察机和驱逐机，直飞全州。冒着敌人猛烈对空火力，两次攻击敌炮兵阵地，直至将其摧毁，然后飞至桂林上空完成侦察任务。返航途中，在桂林北部兴安发现敌军，又进行低空扫射，歼敌多人。作战中翁心翰左腿负伤，机身受损，罗盘失灵，与芷江失去联系。此时其他8架战机已安全返航。下午4时50分翁心翰与他率领的两机飞至距兴安约250公里的三穗县瓦寨乡调洞村校场坝上空时，油料即将用尽。翁心翰沉着指挥战友迫降，两机均安全着陆。翁心翰迫降时机头触碰土埂，剧烈震动下头部受伤，血流不止，昏迷不醒。战友和当地居民急忙把他抬到乡公所，等待救治。县卫生局局长亲自出动，但路程太远，又没有汽车，不等医生赶到，心翰于当日晚8时30分殉国。次日下午，三穗县及驻军代表千余人，在四川会馆举行纪念翁心翰烈士大会。县长周剑峰致悼词，称赞心翰是翁部长的儿子，"文武双全、一代英杰"。会场摆满花圈花篮，挽联上写着"千秋浩气永存华夏，百战忠魂誓灭倭奴""为国争光长空扫尽倭奴胆，归途殉命千里同招华夏魂"，正是烈士浩然正气和人民沉痛追思的写照。烈士遗体在三穗火化后以红绫包裹厝于重庆南岸汪山航空烈士公墓。当年10月翁氏家族在陪都重庆祭奠翁心翰烈士，我父母也参加了祭奠。心翰殉职后，被追赠少校军衔，并于1946年移葬南京紫金山航空烈士公墓。

翁心翰算是中国数百万抗日烈士中的"官二代"。在国难当头、中华民族面临最危险的时刻，心翰和某些利用权势出国避难甚至发国难财的官二代不同，毅然选择了志愿从军、舍身救国。心翰爱国、正直、勇敢、质朴等优秀品德，得益于乃父的言教与身教。其父翁文灏在抗战期间曾担任行政院秘书长、经济部长、资源委员会主任、战时生产局长、行政院副院长等要职，对战事工业生产和经济建设卓有贡献。他原是蜚声中外的科学家，是中国现代地质学、地震学和地图学的开创者之一，淡泊名利，律己甚严，与陈寅恪、梁思成被时人誉为中国的三位国宝。抗战胜利后，翁文灏五次上书蒋介石，"原为对日抗战而参加政府工作，自当为抗战胜利而告退"，坚决请辞各项官职。他是著名的自由主义知识分子，毕生为中国现代化而努力的爱国者，即便在"文革"极左风暴中本人横遭批斗，长子受迫害致死，亦不改初衷。1971年1月翁文灏辞世，家属遵照遗嘱将全部遗产包括六万元存款及图书等，上缴国家，贡献社会。

父子二人都厌恶特权和腐败。1944年2月心翰与空军战友的妹妹周劲培结婚，为了照顾翁心翰，空军部门曾打算调他去运输大队工作，还曾派他赴美进修。但翁心翰不愿离开战斗岗位，都谢绝了。翁文灏对爱子参军抗日非常支持，曾赋诗予以鼓励："飘然一叶入云霄，壮志英怀侪辈超。报国心忠追往哲，献身志切在今朝。"在得知噩耗后，他看似情绪平静照常工作，实则极为悲痛，含泪写下《哭心翰抗战殉命》诗三首，其中有："江山未复身先死，尔目难瞑血泪滔"，"人生自古皆有死，死为邦家亦足荣"。心翰去世后不到一年，日本投

图3 贵州三穗县翁心翰纪念碑

降，举国欢庆。但翁文灏在欣喜中夹杂着失子的悲哀，这复杂的心情也写在他的诗中："渝城到处是欢声，八载艰辛一日平。究赖沙场忠勇士，不辞拼命捍防城。太息翰儿立志忠，英年卫国尽强雄。何堪五次临空惨，力竭疲身命亦终。秋风秋雨忆招魂，胜利反教流泪痕。南望一棺江岸畔，放牛坪上尚安存。"感人至深。

　　故乡宁波和殉难地三穗的人民没有忘记这位烈士，在一位挂职三穗县副县长的宁波干部推动下，2013年9月两地有关部门在烈士殉难处建立了翁心翰烈士纪念碑（图3）。

柳东辉烈士

　　柳东辉（1914—1942），上尉，唐山人，是我的姨父。他的妻子翁心蕙是我母亲翁景素的妹妹，三人都是天津南开中学校友。图4是翁心蕙（左一）和翁景素（中）1931年在天津法国公园的合影，那时她们都是南开中学学生。姨父的婚姻是经南开中学芦姓教务长介绍的，当时姨妈翁心蕙在杭州之江大学学习，柳东辉1934年进入杭州笕桥中国空军军官学校学习，1936年10月毕业，是空军官校第六期毕业生。毕业后担任空军运输机飞行员。1942年3月由重庆驾驶飞机至浙江衢州视察。此次任务行程往返约2500公里，要避开敌机拦截和地面炮火攻击，是很危险的，长途飞行气象和地形复杂，发生各类事故和机械故障的可能性也对安全构成威胁。3月17日完成任务返回途中，在距离重庆仅十余分钟航程的涪陵县上空，不幸触山殉职。与姨父同机殉难的还有战友丁炎，他是空军官校一期毕业生。

　　姨父牺牲后，我母亲陪同姨妈参加了空军举行的追悼会。我的表妹柳萱(现名翁婉萱)是烈士的遗腹女。"文革"前我曾经看到过姨父的戎装照，他穿着皮夹克，头戴飞行帽，五官端正，英武帅气。母亲曾经告诉我：抗战时期外祖母陈文贞住在天津，常常想念远在大后方的子女，特别担心参军作战的爱婿的安危。有一天夜晚，外祖母梦见姨父乘一艘黄船从天而降，外祖母忙问你来有什么事吗？姨父回答说明天您就知道了。外祖母惊醒后惊诧不已。第二天中午即接到姨父牺牲的消息，外祖母悲恸万分。日有所思，夜有所梦，梦境与现实也常有巧合，这都是可以理解的。在听完这略带神秘色彩的往事之后，心目中的烈士形象更增添了一些神圣色彩。图5是两位烈士部分家属的合影，前排左起翁勉甫、陈文贞、翁心翰母林韵秋，后排左一为翁文灏、左三为翁文灏四子翁心钧。地点在北京交道口菊儿胡同24号翁文灏住宅，时间大概在1956年夏季，当时翁任全国政协委员。

　　柳东辉烈士葬于重庆汪山抗日航空烈士公墓，这里还有

图4　1931年，翁心蕙（左一）与翁景素（中）等在天津法国公园合影。

二百多位中国和美国空军烈士相伴。遗憾的是受到极端思想影响，1949年后众多抗战文物保护不善，汪山航空烈士公墓亦未能幸免，特别是十年动乱时期惨遭毁灭性破坏，烈士忠骨及遗物荡然无存。改革开放后，部分当地居民出于对抗日烈士的敬重，集资建造了抗日航空烈士纪念碑。近年重庆市政府拨款两千余万元在公墓原址恢复建立了南山抗战空军纪念园，为现已查明曾经归葬汪山空军公墓的每位烈士单独建造了纪念牌，图6是园内柳东辉烈士的纪念牌。2010年天津南开中学建造了南开中学校友英烈纪念碑，柳东辉的英名也镌刻在碑上。

南京抗日航空烈士纪念碑，是我国最大的空军烈士纪念碑，共收录了我空军烈士884人、美国空军烈士2186人、苏联空

图5 1956年，两位烈士部分家属在北京翁文灏居所合影。

军烈士236人、韩国空军烈士2人。翁、柳二烈士均列名其中。对于不少忠骨难寻的空军烈士，这里是唯一可以追怀英灵之地。

我国空中健儿是一个英雄群体，他们自愿从军，忠勇爱国，视死如归，在抗日战争中谱写了中国空军辉煌的篇章。周恩来当年曾赞扬他们说："我国空军，确是个新的神鹰队伍，正因为他们历

图6 重庆南山抗战空军纪念园中的柳东辉烈士纪念牌

史短而没有坏的传统，所以民族意识特别浓厚，而能建树如此多的伟大成绩，这更增加了我们的敬意。"而今，抗日空军飞行员高志航、阎海文、陈海文等烈士，以及林徽因的九个空军烈士弟弟、齐邦媛回忆录《巨流河》中张大飞烈士以及先他而逝的七位空军官校战友，都已成为不少国人熟知的抗日英雄。翁心翰和柳东辉烈士也永远是家族后人世世代代祭奠和学习的楷模。

（翁维民、翁黛丽、杨家建、孙自均等亲戚对

本文撰写多有帮助，谨致谢忱）

外祖父程修兹从教五十年

胡其伟

我的外祖父程修兹（1869—1953），名裕济，号学圃老人、不老斋主人，安徽徽州绩溪县北村人。他是近代著名的教育家、书画家、收藏家，以书法、画梅驰名，著述颇丰，有《学圃笔谈录》《春不老斋诗稿》《北村程氏宗谱》《殷龟文考》等行世。

程修兹生于清同治己巳年（1869），光绪丁亥年（1887）十九岁考中秀才，复两度参加乡试，均未考取举人。目睹清廷腐败，遂无意功名，结交徽邑革命志士，并且追随江彤侯、金慰农等人进行反清革新活动，曾在照片题句："衣见汉官仪，刀为孔明刀。著衣操刀者，性命如鸿毛。"图1中程修兹短衣礼帽，握刀而立，慷慨豪迈，可见其人英姿风采。

大约在1900年，我外祖父先在徽州府歙县由教会所办的中西蒙学堂任教，授国文、修身，英籍牧师唐俊贤授英文、算术。后来教会学校改名为崇一学堂，寓"夫子之道一以贯之"之意，外祖父继续在此教学。他生平从事教育事业达五十年之久。学堂原址即现在的歙县城内小北街陶行知纪念馆，当时就读学生均为七八岁到十来岁的学童，在图2这张迄今仍保存

图1 1899年前后，程修兹短衣礼帽像。

的中西蒙学堂师生合影中，可以看到当时的学童模样，天真稚
嫩，聪颖可爱。左侧为程修兹，右侧为唐俊贤，唐着白布长
衫，布鞋，蓄辫，手执折扇，除高鼻深目外，纯粹中国读书人
模样。二十四位学童中，有陶行知（立于唐俊贤左）、洪范
五、朱家治、姚文采、汪采白、汪岳年等。陶行知离开崇一学
堂后，经唐俊贤推荐到南京汇文书院上学，旋考入金陵大学文

科，毕业后赴美国哥伦比亚大学深造，1917年学成归国，在东南大学（时名南京高等师范学堂）任教授兼教务长；后致力于平民教育，创办晓庄师范与安徽公学，成为教育家、民主战士。洪范五、汪采白等人也都学业有成，成名成家，形成了近代徽州教育史上突出独特的人才群体。他们终生都和程修兹保持着亲密的师生情谊。

我手头保存有程修兹由屯溪赴上海参加其子程万孚与江萱（江彤侯次女）订婚仪式时的家信原件，信中叙述了他在沪与陶行知相晤情形："我到上海已经十天了，漱（万孚小名）事（指与江萱订婚）总算定了，彼拟到安庆一行，我准十四日

图2 1900年，"中西蒙学堂"师生合影。

坐特快车往杭,十五日(中秋)是没有船开的,在西湖里看看月亮,也很有意思。知行(当时仍按陶行知原名称呼)的地址真秘密,昨夜知行在十时许来'远东'(程在沪下榻旅馆)看我,到十二时才去,约定今天下午陪我玩玩、谈谈,他四时后即邀我同万孚、萱去看了电影,又请我三人吃晚饭于'福禄寿'饭店,桃红(陶行知长子陶宏小名)、小桃(次子陶白小名)已在饭店候我们了。他说明早还要送我上火车,我请他不要送,因他的时间很珍贵,今天昨晚已耗去五六小时,在他已算大牺牲了。知行天性如此敦厚,比之一班已有天渊之别了……九月十三日父字。"此信写于1930年9月13日,正是南京晓庄师范被封闭,陶行知被通缉以后,陶流亡到上海租界,创办自然学园、儿童通讯学校和上海工学团期间。为应对"通缉令",陶在沪租界的住址与活动,不得不小心谨慎,故程修兹信中才有"行知的地址真秘密"之说法。从这次在上海会晤以后,他们虽有书信往来却再也没有相见。

1921年,天津南开大学校长张伯苓请陶行知介绍一位国文老师,陶当即推荐了程修兹前去任教。图3所示是程修兹在南开大学宿舍里的书房一角。一案一几,笔筒里放着毛笔,书籍堆放几上,墙上挂着照片、字幅、碑帖,主人伏案执笔,凝神书写,头上部镜框里是胡适赠送的照片,胡适其时已是闻名全国的学者,也是绩溪人,与我外祖父早已熟悉,但见面却是在天津。《胡适的日记》(中华书局1985年版)第295页之1922年3月24日日记中载:"绩溪程修兹(现在南开教国文)来谈"。(按:当时胡适应张伯苓之请,到天津作学术讲演)。同年4月2日日记:"什么一语,广西太平府作mun-go,广州作 meit-yea(乜野),琼州府城作gai-mih-gai(个),琼州崖县有所谓军话（流徙充军到此的人的话）作mo-nio，吾徽歙县的mo-ll与绩溪的mo-lle（歙县西乡的shi-moi)皆从mo-nio复出来，休宁为teh-mo，婺源为ho-li，黟县为ho-lio。此系程修兹君说的。"我外祖父在徽州六县方言中，能操绩溪、歙县、休宁和黟县方言，并都能流利交谈，故胡适才在日记里记下这段叙述，并将其介绍给我国语言与方言研究专家赵元任。

20世纪30年代，赵元任赴徽州调查一府六县独特方言状况，专程到屯溪珠里村晤见程修兹，探讨研究有关方言问题，并对各县方言作了详尽的记录，进行学术研究，而且将百代公司出版灌制的关于中国语音的唱片赠送给我的外祖父，唱片中由赵元任吟诵的新诗"……鸽子忽地里，翻身映日，白羽衬青

图3 1921年，程修兹在南开大学宿舍里的书房一角。

图4 1934年初夏，程修兹一家游天坛合影。

天……"的声音，铿锵有力，京味十足的韵律，迄今近七十年过去，我仍记忆鲜明。1934年初夏，外祖父母赴北平朱溪舅父处，为此二舅向胡适借了笔钱作开支费用。抵平后，胡适夫妇在米粮库四号家宴客人，吃的是家乡菜"一品锅"，胡适挽起袖子夹起锅中的蹄髈、鸡块、肉丸、豆腐包、火腿等送到客人碗中。餐后胡适书横幅《江城子》一词赠程修兹，其词云："翠微山上乱松鸣，月凄清，伴人行，正是黄昏，人影不分明。几度半山还首望，天那角，一孤星。时时高歌破昏暝，一声声，有谁听？我自高歌，我自遣哀情。记得那回月明夜，歌未歇，有人迎。"上款"修兹先生教正"，下款为"胡适书赠"，全用新式标点符号。这幅字后来一直悬挂于珠里旧宅"春不老斋"书房中。当时，胡适还陪同他们游览了中央公园、北海，并摄影留念。遗憾的是，有胡适身影的照片于解放后为避免惹麻烦大多已销毁了。图4是他们游天坛的合影，左侧立者为朱溪，左二左三为外祖父母，右侧为姨母慧华，祈年殿建筑是八十年前的原貌。图5是外祖父母在中央公园花丛前的合影。

1925年因时局不靖，外祖父辞去南开教职，回到徽州，并应聘在徽州中学、徽州女子中学任教。外祖父在教学之余，寄情翰墨，画梅种花吟诗，精研学问。我大舅万孚与二舅朱溪后来考上北京大学与中国大学读书，并分别在《东方杂志》《国闻周报》《大公报》上发表散文、小说、通讯等，走向文学创作之路，成为中国新文学重要作家。每逢寒暑假期，兄弟俩必相偕南下屯溪省视双亲，图6中的外祖父母身后左侧为朱溪，右侧为万孚，外祖父右边是我的姨母慧华和母亲慧秋，其时均在隆阜的徽州女中读书。

图5 1934年初夏，程修兹夫妇在中央公园花丛前。

图6 1925年，程万孚、程朱溪兄弟俩屯溪省视双亲时合影。

　　1938年春节时，大舅二舅两家分别从安庆、南京逃到万山丛中的徽州老家并共度春节。图7是外祖父母在珠里村老宅畔与孙辈合影，前坐左一是笔者，左二是二舅长子训正，右一是我二弟在钊，右二是大舅长子程泫。现只有我与训正还健在，已是八十七岁和八十三岁的衰翁了。背景是徽派建筑的老宅，如今早已夷为平地，盖起了许多幢村民的新居。

　　外祖父在距珠里村二十里的徽州中学任教时，常于万安镇古城岩炼心石上盘桓明志（见图8），反映出他拳拳忧国之心。崖石壁立而起，下方是清澈的新安江支流率水，相传徽州抗清英雄金声曾坐此石上练功，故名"炼心"，距此一里之遥即为徽州中学（现名休宁中学）校址。

图7　1938年春节时摄于珠里村老宅畔，程修兹夫妇与孙辈合影。

图8 1938年，程修兹摄于万安镇古城岩炼心石上。

图9是1938年或晚一年外祖父拍的七十岁照片。老人强调国难时期不作寿，专门蓄了胡须照相。地点在珠里老宅。照片上老人神清气定，毫无衰老之态，仍继续在两所中学任教。

图10是外祖父摄于珠里老宅后院小花园的照片。老人站在盆景花木之中，过着悠然自在的晚年生活，这时已辞去距家较远的徽州中学工作，只在离珠里村二里的隆阜女中每周教几节国文，作为一种消遣。

图9 程修兹七十岁像

1945年8月抗战胜利，外祖父已近八十高寿，在舅父们要求下，辞去女中教职，回家养老。1946年夏，安徽省主席李品仙题写"械朴雅化"牌匾，表彰他从事教育半世纪的事迹，由绩溪县长覃森代表李品仙送到北村程氏宗祠悬挂。

1947年，时在南京任张治中创办的西北民生实业公司业务处长的万孚和任安徽省第十区行政督察专员的朱溪，决定为外祖父举办八十寿辰大庆，地点就在珠里村老宅。并对外发出了由安徽耆老许世英题写的"绩溪程修兹先生八旬大庆征诗文启"，征文启上署名三排，第一排为张厉生、谷正刚、许世英、李品仙、陈访先、洪兰友、胡适、刘真如、黄伯度、刘贻燕，除许世英、胡适、刘真如为乡谊外，余者均为国民党中央大员及安徽省党政首长；第二排为杨中明、黄绍耿、汪少伦、苏民、叶元龙、许恪士、黄同仇、濮孟九、万昌言、陈敢、汪幼平，其中汪少伦、叶元龙、许恪士是徽州老乡，二排的人均系安徽厅局长或专员，与二舅朱溪是同僚；第三排为曹种文、方宏孝、黄梦飞、刘紫垣、宋振渠、张宗良、覃森、胡文郁、姚文采，除宋振渠、覃森是"父

图10 1942年，程修兹辞去徽州中学教职，摄于珠里老宅后院小花园。

母官"外，大多是徽州名流富绅，姚文采与洪范五则是当年崇一学堂的门生代表，陶行知已在沪逝世，无法名列其中了。

"八十寿庆"结束，留下了"全家福"（见图11），正中是老寿星夫妇，左二为朱溪二舅，左四为二舅母潘君璧，二人中间为其幼子训义，朱溪背后立者为上高中的笔者；右一为万孚大舅，右二为大舅母江萱，二人前立者为其次女程藜；后排右二为姨夫庄瑞源，右三为姨母慧华，其身后为我的母亲慧

图11 1947年，程修兹八十寿庆全家福。

秋。这是全家最后的合影，也是家族史上的句号。

　　1949年初夏，大军渡江，南京解放，徽州屯溪随之也插上了红旗。土改中，由于外祖母毕生省吃俭用，亲自参加果园与农业生产经营，外祖父执教南京汇文书院、天津南开大学和徽州中学徽州女中的薪金撙节积累起来，购买了二三十亩农田，而被划成地主成分，有关方面丝毫没有考虑到程修兹从事教育五十年，培育了大量人才的历史事实。土改后，外祖母病故，八十岁的"老地主"无法参加劳动，军管会又了解到陶行知是他的学生，遂批准其离开屯溪去南京儿子万孚处生活，于1953年病故，终八十四岁，葬于南京郊外花神庙，与南大名教授胡小石之墓毗邻。"文革"中被红卫兵掘墓曝尸，狼狈不堪之极！

外公题诗的童年照片

邓海南

　　上海顺昌路419弄一号是我童年的乐园。父母调到南京工作，我儿时有许多时光是在这里的外婆家度过的。这是大约有二十平米或许还稍大一点的大房间，图1外公、小舅和妈妈合影的背景就是房间的一扇窗，前面两扇开的大门下是两级台阶，台阶旁是外公的盆花（其实是一些不太会开花的小灌木）和盆景；后窗外是一个天井，天井中的自来水龙头和大水池子是公用的，从早到晚，天井中的水声总是哗哗地响个不停；前门外的水门汀空场边上有一口水井。弄堂口有一个看门人，极勤劳，每天早上四五点钟便起身从井里打上水来，把弄堂里那片水门汀空场冲洗得一尘不染。除了下雨，从不间歇。每天早上，把我们从梦中唤醒的便是那水桶在井中碰撞的声音和将水倒在水门汀地上的冲激声，还有拴水桶的铁链子在井沿上磨擦的哗啦声。

　　说起我童年的快乐，外公是极重要的人物，因为他是个大玩家，常和我们小屁孩们一同在屋里屋外玩耍嬉闹。说他是个大玩家，并不是因为他玩的名堂有多大，而是因为他那时已因病退休在家，家务事不会做也不愿做，除了玩便别无他事。每

图1

天除写几笔字、画几幅画外，便是以门边窗台上的盆景自娱。今天在假山上挖开青苔种两棵小草，明天在假山上安置一些瓷做的小亭小桥、老翁老妪，后天再往假山下的水中放养几尾金鱼，直把个小小盆景搞得如公园一般。再就是不断翻出新花样来使孙子和外孙们高兴，不时地买回一些小动物诸如蝈蝈、金龟子、蟋蟀、知了之类来愉悦我们。并且外公还有一大箱连环画，从《三国演义》到《水浒》到《西游记》到《聊斋》，应有尽有。我艺术上的启蒙教育，或许就是从上海的这间房子里开始的。

外公还是一个小吃家，说他是小吃家，是因为他吃的范围仅限于小吃而从不涉足正儿八经的大馆子。我小的时候上海的小吃真是价廉物美，三分钱一条熏凤尾鱼，五分钱一只油炸麻雀，其他诸如烧卖、锅贴、小馄饨、小笼包之类，他每天总忘不了带一只小锅出去把小吃端回来，当然也总忘不了给我们这些"小东西们"分上一杯羹。

外公画的一手山水画虽然登不上大雅之堂，却也很有一点明清遗老遗少的味道；写的一手字非颜非柳非行非楷，却方中有圆、直中有曲，若狠下一番功夫，或许能够独树一帜，可惜他是个浅尝辄止、玩玩而已的人。但是他的才情还是时时可以显露出来。我们兄弟有几张小时候玩耍时被二舅舅抓拍下来的照片，外公在照片背面信手题下的诗，至今仍为我们津津乐道。

图2是我和隔壁弄堂的孩子打架败逃回来的惨相，外公题诗曰：

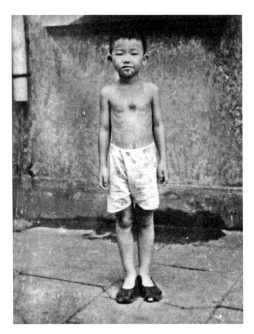

图2

虽败犹荣

赤膊上阵大败回，

短裤险些被撕碎。

胸前伤痕殷然在，

更见鞋尖露脚头。

图3是我弟弟神气活现地双手叉腰站着，腰间还插着一支短棍。外公题诗曰：

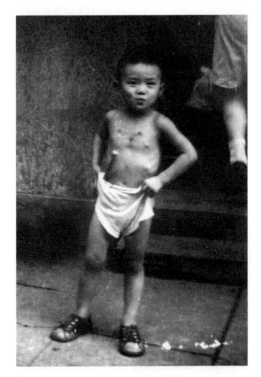

图3

诱敌深入

手持短脚裤，
腰插齐膝棍。
笑容堆满脸，
原来诱敌人！

图4是我弟弟和表弟在门前玩捉迷藏，照片上我表弟手执短棍，正寻思那门后面是否有埋伏。外公题诗曰：

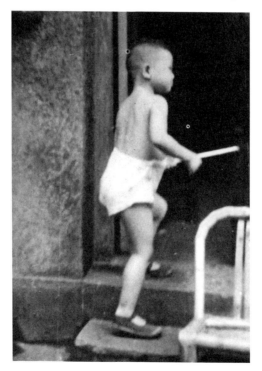

图4

胸有成竹

欲进踟蹰欲退难，
徘徊门前暗思量。
纵然有棍堪抵御，
警惕还须防水枪。

还有一张是我、弟弟和表弟三人衣衫不整、愁眉苦脸的合影，外公题诗曰：

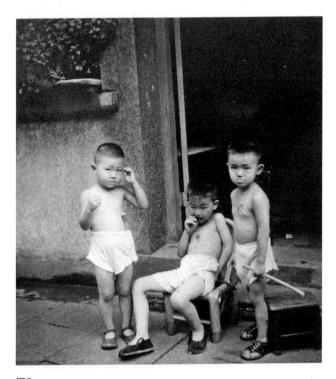

图5

图6

克敌会议

难得三星聚一堂，

机谋还赖共磋商。

如何扭转常败局，

一致主张买汽枪！

寥寥数语，我们童年时的情景便栩栩如生，历历在目。当
然还要感谢为我们拍下这些照片的二舅舅。

图6这张比较认真严肃的照片，是外公与我、我弟弟、我
表弟还有我表妹的合影。和这四个小童在一起，你能看出他是
一个老顽童吗？

难忘的岁月

赵　淳

　　父亲毕业于北京大学，是一位工程师，他一辈子对工作总是那么认真、勤恳，任劳任怨。在那个年代，父亲经常被下发农村"改造思想"，所以能够和父亲团聚上一天，是我们姐弟小时候最快乐的事！我们最爱听父亲讲故事，他讲起故事来绘声绘色，像"岳飞枪挑小梁王""八大锤大闹朱仙镇"都是父亲最上口的，听得我们入了神，饭都不想吃了。

　　那时候，父亲假日里忙得厉害，既要为我们洗头、洗澡、理发、改善伙食，还常带我们去郊外野炊、看电影、到北海公园划船。和父亲一起散步时，父亲还时常用他美妙的男中音哼着歌曲。父亲学贯中西，通今博古，记得每次参观故宫博物院时，那一幅幅、一件件的古代艺术珍品的来龙去脉，他都能娓娓道来，使我们受益匪浅。这种潜移默化的熏陶，影响了我们的一生。

　　母亲毕业于辅仁大学，那时候她在离家很远的一个大学里教书，一个星期才能风尘仆仆地赶回来和我们团聚一天。每当爸爸妈妈都回来了，我们那个高兴劲真是无法形容。

　　三年困难时期，生活比较艰苦，母亲每次回来，总是把从

这张难得的全家福摄于1961年。

学校食堂里省下的窝头片、馒头干带给我们，我们像一群饥饿的小鸟，分享着母亲带给我们的温暖，母亲因营养不良而浮肿的脸上挂满了慈爱。

　　"文革"中的1968年，父亲半夜里被造反派抓走，生死不知。看似文弱的母亲，以无比坚强的意志闯过了道道难关，护佑着我们，使我们没有沦落街头。

　　1968年底，姐姐去内蒙古插队；1969年4月母亲下放京郊农村；1969年8月我奔赴遥远的黑龙江兵团，家里只留下了一个小弟弟。一家五口，何日团聚？

　　"文革"终于结束了，九死一生的父亲终于回到我们身边，此时的他竟已是白发苍苍。恢复工作后，父亲把余生都投入到了保护祖国古文物的工作中，寒冬他啃着凉馒头考察荒芜的圆明园，酷暑他在斗室里著书立说。直到七十多岁时，他还被聘为圆明园、恭王府的顾问。

父亲本是一介书生，他为什么能挺住"文革"中的那些羞辱和苦难，而没选择自杀。记得父亲只说过一次："因为我爱你们，爱你们的妈妈，我一定要活着回来！"

母亲是2004年春天的时候，突发脑溢血去世的。这个打击对于耄耋之年的父亲是致命的！他生命的最后八年，是在对爱妻无尽的思念中度过的。父亲怀念母亲的那首诗是这样写的："曾经沧海六十年，一朝诀别永不还。回顾人生真若梦，哪堪回首忆当年。"2012年秋天，父亲也永远地去了，他去和母亲团聚了。

父母没了，一切都荡然无存了，只有这张珍贵的全家福，记述了那难忘的岁月。每当看到它，我们好像又回到了亲爱的父母身边，回到了幸福的童年。

· 书讯 ·

定价：48.00元

单衣试酒

于明诠 著

山东画报出版社　2015年7月出版

书法家于明诠的诗歌有浓厚的文人情结，充满古诗的意境和韵味，用近乎白话的形式去触摸古代文人的生活原态，体现出精简、透彻的文学素养。

孟家有女

贺捷新

　　"文革"中1971年初识孟平时，她是一个活泼友好的丫头，高挑身材，细眉眼，大大方方，人前很出众。那已是"文革"第五年了，虽然大家穿着都差不多，街上男女都一水儿的灰蓝的确良制服，可仍能感觉到这个女孩子不一般的身世。有些东西是掩盖不了的，彼此可以读得出来。教养写在脸上，大字报也糊不住，夏雨一冲淋，书香气还平静地写在眉宇间。

　　"文革"初，就有一个初二的女生给她贴了张大字报："黑八类的狗崽子孟平从七中滚出去！"贴在校园红海洋里，而那个季节，梨花正绽放，如雪。那年她15岁，此前她是以双百的分数考上当时最好的老牌名校开封八中，德智体兼优，参加过开封有名的"小银燕艺术团"，在体校练体操。后来个子长高了，篮球也打得好，又被选入篮球体校，还被选送到省队试训过。体校把多数篮球队员集中在七中以便于管理，孟平就转学去了七中。"文革"初起，就要把这样一个美好无辜的女孩子赶出七中，为什么？黑五类子女，谁让她是冯玉祥主豫时开封道尹老孟家的孙女！

　　那时候，孟平住在花井街。花井儿，一个好听的街名儿。

孟平12岁时

孟平家人合影。约摄于1962年。

里城在龙亭后，花井街在龙亭前，潘杨二湖之潘家湖东，跑去华北体育场打篮球，也就绕湖一站路。湖东沿湖是一长溜儿洗衣石，长的，圆的，扁的，方的，也有的是大号的城墙砖，大大小小半浸在水里。

我问孟平，是不是从小就住在花井街。她说：

"我出生在游梁祠的一个日本式的院子里。不久房子就捐了抗美援朝了。省会一迁郑州，爸爸随省文化厅也去郑州工作了。1957年他被打成了极右派，爸爸文笔好，到处刊登文章嘛，不打他打谁啊？小时候我见过他写的一本《太平天国》，爸写的那些诗我读过，朗朗上口，很好听，有些诙谐的味道。爸32岁那年，风华正茂，踌躇满志。本来就是开大会动员大家提意见嘛，就提意见了，想着从工作出发嘛，一点儿思想准备都没有，被打

孟平父亲。摄于1960年代。

了个极右派！他精神几乎崩溃，差点就神经了。接着，他被发配去了焦作修武农场劳动教养。农场派他去养猪。爸爸是工作起来特别投入专注的人，没人搭理他，他就好生喂猪。那时候粮食定量供应，粮票不够吃，人都打饥荒。爸心善，见一窝儿猪仔嗷嗷待哺，不落忍，自己饿肚子，把饭碗里的糊糊，面汤都喂了他的猪仔，常常这样。他说人饿一顿挺得住，猪仔不行。没想到养猪出了名，在农场比赛中还立了功。

　　"1959年爸被摘了右派帽子，安排在焦作市当教师。可是"摘帽右派"还是个帽子，沉甸甸，压头，又戴到1976年。1962年爸因患闭塞性脉管炎住进省医学院。那年我11岁，妈妈要工作，我休学去郑州陪护爸爸。我们住在四面是隔音墙的烧

1934年，孟平的奶奶与孟平的父亲及其他孩子们合影。右边穿黑亮短袄的是孟平的奶奶，左二为孟平的父亲孟昭椿。

伤病房。因爸爸那个病痛得要死，喊起来吓人，住在隔音墙的房子里以免影响到其他病房。听医生说，曾有人痛得受不了就跳了楼。我的任务是爸爸一喊痛，就去找护士来打杜冷丁。那年头杜冷丁奇缺，我二伯父在贵阳铁路医院当院长，从贵阳寄了两盒给我爸。爸一疼得受不了，护士就掺上注射用水给他打一点，杜冷丁打多了是会上瘾的。爸诙谐，和医生、护士相处甚洽，许是爸老打杜冷丁，护士老冲我爸叫'老杜'。

"那年，爸爸锯了腿，起初不习惯，拄着拐都走不成路。1966年'文革'政治运动一发难，爸爸又当了'残疾运动员'。这次他是三个头衔：'历史反革命''大右派''国际宪兵'。一年深秋，我去焦作探望爸爸，李好鹏与我同行。我俩是偷搭运煤火车去的，这样可以省去车票钱。一对少年恋

1936年前后，孟平的父亲与其姐弟在武昌郊外散步。

1930年代，孟平父亲孟昭椿（中）与其姐弟留影。

人，在煤车顶上垫张报纸坐着。敞篷车黑乎乎地飞驰，冷风黑乎乎地敞着口刮，俺俩黑乎乎的煤灰脸，彼此相看，都不好看。可想想爸爸在牛棚所经受的苦楚折磨，这个真的不算什么了。到了地儿，几经周折，农场看守才同意我们见面。爸爸头发那么长，乱蓬蓬把脸遮盖住半边。一块硕大的黑板上倒写着爸的名字，画着红叉叉，和他的三个新头衔。几十斤重的黑板，使小拇指粗的一根铁丝挂在爸脖子上，一刻也不许拿下来。爸爸蓬首鬑面，目光呆呆地迎我走向他去。我忘了都跟爸说了啥了，事实上也不能说啥，看守一直在边上呢。就记得心里想，我得给爸剪剪头啊。可又找不着一把剪子，好歹央告着给看守借了个折叠小剪儿，我就一点一点地给爸剪头，咔嚓，咔嚓……"

　　然后她顿了很久，只说了四个字："不堪回首！"

1928年，孟平的舅爷徐思绶和舅奶奶井瑞起。徐思绶1960年于照片背后题曰："宗翰昭棠（孟平的四婶四叔）贤夫妇留存。一九二八年我和你妗游于南京瞻园合摄。迄今三十余年，命妥为存留。五舅附记　一九六零年二月二十一日。"

　　孟平又补充说："实际上爸爸一直就不怎么在花井儿住，一直到'文革'结束才回来，人都很老了。"

　　从她父亲少年时的照片上看，其父少年时身材挺拔匀称，瓜子儿脸，阔脑门儿，鼻如悬胆，一双稚气的细眼，笑意里微眯出点倔强桀骜。一身雪白的西式短裤褂，甚是清爽合体，像是校服。一样的白短裤褂的孩子中，他打头往山间攀爬。老照片朦胧熹微的背景里，树丛后头是白亮的长江。我就想，孟平身上的运动天赋，还有聪明，执拗，应当是遗传之于父亲了。又想象，"文革"结束回到花井儿时，老人的生命怕已如弯弓一样的枯萎焦黄。

　　孟平又说："我父亲抗战时是川大学生，还没毕业呢。社会上抗战呼声非常强烈，曰'十万青年十万军！'父亲爱国热情汹涌澎湃，弃学报名参加了远征军。军长孙立人将军认识我爷爷，召见他说：'孟昭椿，给你两个选择，一是回去上学，现在还来得及；一是留下来，那就得准备为国捐躯，你考虑吧。爸说：'至死不回头！'孙立人就亲自安排他去做军需补给的工作，管理战备用品还有美国奶粉啊，帐篷之类的物资。抗战胜利之后，因爸具有标准身材，又有文化，大学生，被选拔做了国际宪兵，在上海负责看管日军战俘。但是，父亲仍是学生身份，大学还没毕业。得拿毕业证，爷爷就找到河南大学教授李白凤先生，请他帮助把我父亲的川大学籍转到了河大重新就读，这样又回了开封。

　　"那时候爸爸认识了妈妈，漂亮的开封女师大学生，在城北双龙巷结了婚。1948年6月炮轰开封那天，我哥出生，哥小名就叫'大炮'了。然后河大师生南下躲避战火，爸妈携稚子随行。经商丘、徐州、南京，一路跑到苏州。爸的河大文凭是在苏州拿的。1949年爸爸大学毕业，分配在河南省政府工作。后来到了省文化厅，文笔很好，和河南戏剧界很熟稔。我出生在开封游梁祠对面一处漂亮的日式大院子里。花园洋房，很宏阔，一个落地大窗台上可以睡一个大人。那年父亲是河南省文化厅电影戏剧处处长。

　　"后来，父亲随省政府迁址到郑州工作，母亲在当时的开封市第二初中教物理，工作一忙起来无暇照顾我们，就把我们托付给了花井街舅爷舅奶奶。久而久之，两家合一了。二老身边无子女，视我们为己出。街坊说都我长得像舅奶，说我是舅奶的老闺女。舅爷名叫徐思绥，祖籍浙江德清，是清末大画家徐懒云的五公子，也写得一手铁画银钩的好字。1949年以前

1934年，孟平的舅爷徐思绶怀抱孟平四叔留影。

舅爷是供职于中央水利部，之后就赋闲在家了，没有收入，平日只靠零星地卖些字画物什度日。我们仁随舅爷舅奶奶住在北屋。印象里，东屋里有多只长樟木箱子，最大的一只有棺材那么大个儿，厚重的箱子里装的全是古董字画。从细巧的红木隔扇窗望进去，暗的光影里，那个巨大的箱子显出古铜的斑驳颜色。舅奶奶闲了就搬弄那些箱子，字画拿出来晾晾挂挂，墙上常常有不同的字画挂出来叫我眼亮，花鸟鱼虫啊，山水人物啊啥的。收字画古董的光头老潘常来，轻车熟路，吆喝几声就进门了。俺家啥东西他都稀罕，玉如意、字画、花盆、酒杯什么的都收。舅爷打开箱子盖儿拣出一两幅字画卖了，换些米面下锅，还要买肉买酒，舅奶奶做一桌好饭菜，老老小小欢欢喜喜围一桌儿，美美儿地打牙祭。我给舅爷斟酒，青花小蓝碗。舅爷眯缝起眼'吱儿'干了。说，再来！那时候就只知道，舅爷一卖画儿，饭桌上就改善了。

"舅奶奶叫井瑞起，是商丘归德府名中医家的四小姐，大家闺秀，知书达理。舅爷在南京做过官嘛，也是跟着舅爷走南闯北，见过世面的。又做得一手好针线，烧得一手好菜，什么茨馅馍、小酥鱼……均是舅奶奶拿得出手的绝活。暮霭里的舅爷，本身他就是一幅苍黄旧画，竹节似的瘦手里，慈祥地捧着卷在一起的一幅、两幅的字画，翘趄着往门外头走去，且走且絮叨，'不舍得，也得舍。'旧画行里老话说，'三年不发市，发市一件儿吃三年。'这也适用于今儿的行市，可那个岁月里老舅爷卖画儿，白送出去多少真迹啊，三分不值两分，就贱卖啦。

"关在牛棚，没有工资，更见不到人。我们兄妹三个上学吃饭都是舅爷舅奶奶管，老人也没工作没收入，就是靠渐次地零卖家里存的旧物，来养家糊口。可没想到的是，因我们孟家，竟使老徐家饱受连累。'文革'初舅爷家即被抄家三天三夜，挖地三尺。字画一大堆无算，被当院付之一炬，古董家什其余，全被红卫兵架子车拉走，好好的一个花树院儿，挖得土坑狼藉，满眼惨淡。东西后来也不知去向了。抄家不说，舅爷还随时要被拉去批斗，舅奶奶天不亮就得去扫街，接受改造。1968年我和哥哥到荥阳插队落户，弟弟下乡在开封近郊畲砦青

1990年代，孟平与母亲和兄弟在花井老家。

年队。花井街二孤老，连个打井水吃的帮手也没了。

"今年十月，我回花井街寻旧，舅爷舅奶奶早已作古。旧屋凋敝，花树不再，不觉老人形容，竟又栩栩梦回。静夜思来，内心仍隐隐作痛，而无以言诉。老街坊有见了的，都念旧，热情地招呼，老闺女回来了！我见街坊们还是那样简朴地生活着，也没细想，拿些钱——给了他们。瞥眼见老街破墙上隐隐地嵌着一个废弃的旧街牌儿，花井街某号。我把它撬了下来，拿回去，作个纪念。"

1985年孟平去了深圳，是复杂的心情，诱因则是想要摆脱婚变阴影。她母亲是很有见地的人，早年考取过北京音乐学院钢琴系，她看看报纸，也鼓励女儿去深圳发展。一去20多年，孟平把全家老少五口全带过去了。电话里她跟我说过，不想再回去那个伤心之地，说过几次。可不想回去，和不想，那是两回事。

丈夫、儿子与京剧

阎宗玲　口述　张培中　整理

我的丈夫叫杜杰民，是个地方京剧演员，1937年出生于山东省安丘县城里村。他的父亲杜芳溪唱老生和老旦，是安丘京剧团的前身开明京剧团的主要创始人。杜杰民受父亲影响，打小就喜欢京剧。开明京剧团1950年成立时，杜杰民只有十二岁，小学刚毕业，不过已是剧团的演员了。在剧团成立晚会上，他登台演出了《文昭关》，在戏中饰伍员。他那高亢明亮的嗓音，得到了剧团老师好评，并甚为父亲喜爱。没几天，父亲领他拜了北京来的盛连奎为师。在其指导下，学会了《黄金台》《捉放曹》《南阳关》《两将军》《二堂舍子》等二十余出戏。因是童龄演出，备受人们欢迎。

1953年，十五岁的杜杰民被调到高密县新华京剧团。新华京剧团团长张玉祥，是山东著名的京剧老生演员，他相中杜杰民基础好、品行优，主动提出收他为徒。这样，又经他细心调教，十六岁的杜杰民挑大梁唱大戏。他曾主演过整出《红鬃烈马》，一人饰薛平贵，从《投军别窑》起，一直到《误印三打》《赶三关》《武家坡》《算军粮》《银空山》《大登殿》，一气演出四个多小时。观众很过瘾，也很惊叹。之后

1959年，杜杰民在传统京剧中的妆照。

又学了《四郎探母》《大探二》《失空斩》《群借华》《杨家将》《战太平》《珠帘寨》《伍子胥》《上天台》《四进士》等50余出传统戏，成为戏团名副其实的台柱子。

1960年，杜杰民调昌乐县京剧团工作，为了配合形势教育，创演了新编历史剧《卧薪尝胆》，他饰越王勾践。1962年，团里排演现代戏《雷锋》，他饰雷锋，天天包场，场场满员。是年12月，他又拜山东省京剧团著名老生演员殷宝忠为师。在恩师指导引荐下，1965年前后，杜杰民得以去北京找谭元寿等艺术家学戏，并带回难得的剧本及曲谱，使昌乐县京剧团在山东率先演出了《红灯记》《智取威虎山》。两戏中杜杰民均饰主角，特别是演杨子荣时，正值炎热酷暑，他身穿羊皮大衣，上有强烈的灯光照射，一场演下来，往往呕吐不止，如中暑一般，但他从不叫苦，坚持登台。这两出戏在山东各地、市、县演出三年之多，演出800余场，影响很大，全省的观众都知道昌乐县京剧团及杜杰民的大名了。

1970年6月，杜杰民参加了山东省举办的"现代戏学习

1962年12月，杜杰民（后排）与恩师殷宝忠夫妇。

班"。7月3日，全省又选拔22人去北京参加中央举办的"现代戏学习班"。在京学习期间，他最难忘的一天，就是8月1日建军节联欢晚会上，他们演出了一场《沙家浜》的《智斗》选段，演出后受到了周总理等国家领导人接见。

回来后，杜杰民被安排留在潍坊京剧团。不过，文化局下调令调他时，昌乐县委书记满玉成、副书记朱维福来潍坊找到他，说："杰民同志啊，你调潍坊大剧团工作是很好，可咱昌乐剧团怎么办呢？你这台柱子走了，咱剧团不就垮了吗！昌乐的人民盼你回来，我们也希望你回来，重塑以往的辉煌……"杜杰民被这番话打动，为了不辜负领导和昌乐人民的深情厚意，他谢绝了调动，重返了昌乐京剧团。

回到昌乐后，杜杰民一心扑在剧团里，既演现代戏，又教传统戏，还带剧团上山下乡，送戏上门。有一阶段，因为演出场次多，疲劳过度，甲亢病两次复发。放射治疗了半个月后，医生让他休息三个月复查。可他一天也没休息，又投入到演出中。在他的操持下，剧团为昌乐争得了很大的荣誉，县里很看重他，连省财政都给昌乐剧团拨款八万元。可惜后来剧团被莫名其妙地解散了。

1957年，我与杜杰民在高密相识。那时杜杰民刚刚二十岁，在舞台上，他扮相英俊，表演潇洒，身段漂亮，嗓音又好，不仅在高密，在山东也很有名气。而我当时作为青岛女子中学的一名学生，对这一切是一无所知。我们是在媒妁之言、父母做主、各自同意后结合的。

1940年11月8日，我出生在高密。早在1928年，因生活所迫，父母带上我的两个哥哥和一个姐姐，逃荒去闯关东。九年后，一家子又返回故里，在高密县城租了房子，主要以加工面条维持生计。因父亲有病，母亲是主要劳动力。1948年，高密解放，划分阶级成分时，我家被定为中农（说实在的这都划得有点高）。可到了1956年，我上初中在学校准备加入共青团，政审时出了"问题"：调查材料的人回来说，小阎是地主出身。我一听就呆了。写信问父亲，可父亲年迈，憨厚老实，一生胆小怕事，不敢去找人询问为什么会这样。所以，这个不白之冤就一直被我们背着，给我们一家带来了厄运。要知道，在那个阶级斗争为纲的年月里，成分不好是个相当要命的问题啊！在青岛国棉四厂工作的二哥阎宗舜，很快就因隐瞒"地主阶级成分"，被开除工籍，遣返回高密劳动改造。最后竟招致与妻子离婚，自己下了大狱。

虽然我和杰民经受了不少挫折和磨难，但我们始终相濡以沫，真挚相爱。1963年，我们的儿子杜鹏出生。因为有个唱

1958年，杜杰民与作者结婚照。

京戏的父亲，耳濡目染，他从小也喜欢上了京剧。不过他的京剧之路一波三折。起初，我丈夫是真没想让他像自己一样，去唱一辈子戏。所以，从没单独教他学唱什么。可架不住孩子聪明，又打小生活在剧团的氛围里，居然在五岁的时候就有板有眼地模仿大人唱戏。当时，全国的剧团都在上演革命现代京剧《红灯记》《智取威虎山》，小杜鹏已能跟着大段大段地演唱李玉和、杨子荣的唱腔。演唱时，琴师故意把调门调高，他就能跟着高唱，调低，他又能低唱，这可把剧团的叔叔阿姨高兴坏了，称赞这孩子是棵唱京剧的好苗子！

　　1969年，昌乐县委宣传部组织了一个"毛泽东思想宣传队"，他们选中杜鹏演杨子荣。这时，杜杰民才不得不对他加以指导。杜鹏在宣传队扮演杨子荣的照片我至今还保留着，那时他只有六岁。1975年，昌乐京剧团招收新学员，杜鹏想

1969年，6岁的儿子杜鹏演出现代京剧《智取威虎山》。

考，杰民却怕儿子吃不了学戏的苦半途而废，给他丢脸，不同意他考。最后，还是宣传部长出面，专为此事找他，他才答应让儿子考考看。不想，一考就考了个第一。这下无话可说了，杜鹏像当年的杜杰民一样，也是在十二岁便成了一名正式的京剧演员。不久，他就被保送到潍坊艺术学校进修班进修。一年后，练功时左胳膊骨折了，全断了。我心疼极了，说："儿子！治好了后，咱别学戏了，太苦了！"这话未动摇他的心。痊愈后，杜鹏还是考了山东戏曲学校，师从徐俊华、姬永周、吴俊良等老师，开始传统戏的正规训练。1984年毕业后留校，在山东实验京剧团担任老生演员。1986年，调至山东省京剧团，仍唱老生。后来，杜鹏又考上了中国戏曲学院表演系，毕业后留校任教。但是就在儿子学习期间，杜杰民因为旧病复发，离开了人世。

我这个儿子，和他父亲一样，完全是一个事业型的人。小时候不用说了，自打在中国戏曲学院留校任教后，就没出去看过一场电影，逛过一次公园。为了京剧，他忘掉了一切，甚至婚姻。直到四十好几了，才解决了终身大事。我的儿媳王蓉蓉，是北京京剧院一团团长，国家一级演员。我的丈夫虽然走了，但儿子、儿媳继承了京剧事业，可以说青出于蓝而胜于蓝，倘若杰民九泉下有知，定会倍感欣慰。

由旧照片勾起的往事

朱赓荪

整理书柜，从书中翻到了这张寻觅已久的老照片。照片是1969年我们同学九人刚到苏北黄海农场新荡分场第五生产队时，在该队的扬水站拍摄的。早年间的农场生涯已从脑海里渐渐淡漠了，此时此刻却又一一清晰地浮现在了眼前：我依稀看到扬水站下那条荡着涟漪的小河上芦苇摇曳，河水清澈却咸中带涩无法饮用；同学们刚刚跨出校门，那稚气天真的脸庞上，洋溢着对未来农场生活的种种憧憬与朦胧企盼。

"老三届"指1966年、1967年和1968年毕业的初中和高中生。可叹的是，这三年的"文革"之乱使得学生们都没能好好读书学习，自然这三届的毕业生也都没能拿到毕业证书，然而又都算是毕业生。而最可喟叹的是68届初中毕业生，好不容易进了中学，课堂里的板凳尚未坐热一年，就都算是初中毕业生而迈入了"知识青年"的行列，我恰恰正是其中一员。

随着"知识青年到农村去，接受贫下中农的再教育，很有必要"这一最高指令和号令的下达，1969年3月25日，我也打起行装，挥别失声痛哭的慈母，与其他学校的同学们一起驶向了江苏省响水县的黄海农场。

97

　　我为什么不与自己学校的同学一起去黄海农场呢？因为我
父亲早已在外地（大别山区"小三线"）工作，慈母实在舍不
得我这个长子再离开她的身边。然而看到我们学校（苏州市第
六中学）的68届初高中生全部在1969年3月24日离开了苏州，我
觉得像被抛弃了一样很是失落，于是不管母亲如何百般苦劝和
阻拦，硬是去学校报了名迁了户口，随着其他学校的同学（苏
州市第二批）一起坐船驶赴黄海农场。

　　3月31日，船到黄海农场，接我们的车子驶向目的地——
新荡分场第四生产队。当车子途经第五生产队的时候，正在路
边张望的我初一四班的同学顾兴发（照片后排左二）、王志鹏
（后排左五）、郭醒亚（前排左一）和徐志明（前排左二）等
人瞧见了我（后排左三），他们赶紧拦下车子，欢天喜地把

我迎进了他们的宿舍，与他们合住在了一起。

呀，这也能算是宿舍么？！只见茅草盖的屋顶下至多不过十二三个平方，里面却住了九位同学，如今又挤进了我一人，整整十个人哪！我们的行李箱子只能堆在屋子一角，十个人统统一起睡在茅草地铺上。这地铺既是我们夜晚的卧床，又是我们白天活动的场地。雨天和继之而来的长长夏日，让我们吃足了苦头，我们在里面一住就是整整半年之久。

到了五队之后方才知道，我们学校的68届高中男生与初中女生被分配到了新荡分场的第六生产队，而68届的高中女生和初中男生则被安排在了第五生产队。学校不常给我们男女同学互动交往的机会，这给我们造成了难以逾越的障碍，恐怕这也是那个特殊年代的习惯做法。但小屋里的蜗居生活，真真切切地巩固了我们十位同学之间的团结和友谊，并一直保持到了今天。

值得庆幸的是，在这一年的10月份，农场之间进行了一次人员大调动，我们同学十人一起被调动到了苏州大丰县大中农场的五分场。从此，不仅改善了居住条件，结束了常人难以想象和体会的蜗居生活，也结束了黄海农场半年的生涯，更是留下了这张足以让我们记忆起那个艰难岁月的唯一留影。遗憾的是，我们十人中有位同学那天愣是不肯拍照，未能留下他那也带着稚气的影像。更让人唏嘘不已的是，翟福民（照片前排右一）于1995年早早离世，永远地离开了我们这些老同学。我晓得，人生去留乃是自然界的不变规律，但那些曾经共同相携走过艰难岁月的一幕幕情景，仍会牵动起我的情感潮汐，使我思绪万千，不能自已。

九十年前的植树节

史耀增

这是一幅我的高中同学梁建学从他父亲手中接过来保存的照片。照片上端写着："郃阳官绅在劝业所林场第一次举行植树典礼摄影 十三年四月"。"十三年"系民国十三年，即1924年。《辞海》载："植树节……中国曾于1915年夏定每年夏历清明节为植树节。为纪念孙中山先生忌日，1928年将植树节改在3月12日。""郃阳"即陕西"合阳"，1964年国务院更改生僻地名，改"郃"为"合"。《合阳县志》载："民国时期，县政府先后设劝业所、建设科，管理农棉林事务"。民国十七年（1928）由合阳县采访局编纂的《合阳新志材料》载："劝业所 民国十二年奉令设立，十五年七月，因天旱成灾，农民协会要求停办。至十六年九月奉令成立建设局，委前劝业所长范诵芬为局长……"该书在"森林"一节中记载："前劝业所举行植树运动会后，人民渐知植树之益，在各道旁隙地时植渐广。"劝业所成立于民国十二年（1923），到民国十五年（1926）便停办了，那么《合阳新志材料》中所说的"植树运动会"是否就是这幅照片记录下来的"植树典礼"呢？照片中的"官"自然是县政府的官员，"绅"指的是各界知名人

部长官绅在观禁所林场第一次举行植树典礼摄影三年月日

士，劝业所所长范诵芬肯定亦在其中，且会站在重要位置，可惜九十多年过去，已没有人能说得清照片中的参与者都是谁了。从照片上可以看到无论是官还是绅，都一律穿着长袍马褂，左侧的一位还戴着礼帽，这是民国时期的礼服，足见对此次典礼的重视程度，毕竟这是劝业所成立之后举行的第一次重大活动。典礼现场布置得也十分隆重，靠着土墙搭起了用柏树枝装饰的牌楼，挂着"植树节"三个大字，牌楼上除插着三面大旗之外，还呈八字形扯开两串彩旗。至于这"劝业所林场"具体在什么地方，同样没有人能说得清。只从土墙后依稀可见的一排房檐和高大的树木，可以推测这林场是利用城内的隙地开辟而成。照片后方还有四位穿短打衣服的，大约是请来帮忙干活的村民，他们都穿着没有袖子的棉背心（合阳人俗称"棉褂褂"），是为了干活时利索。1924年的清明节是公历4月5日，地处北方的合阳此时气温还较低，所以参加典礼的人还都穿着棉衣。照片前方的小树大约是在典礼上新栽下的，盘腿而坐的九位少年都穿着学生制服，把学生帽放在腿上。他们可能是第一高小的学生，也可能是成立刚刚十年的合阳中学的学生。让孩子们参加如此隆重的典礼，从小接受植树造林的教育，无疑是一件有益的事情，而让孩子与小树在一起，也许是为了体现"十年树木，百年树人"的理念吧。

（照片由梁建学提供）

·书讯·

徽州老照片

程嘉楷　主编

山东画报出版社　2016年2月出版

定价：58.00元

本书选编了徽州老照片230幅，文稿135篇，用以图为主、文说图事的方式编排，全书约15万字。为使读者厘清历史发展轨迹，按照清代、中华民国、中华人民共和国三个时期编排，每章以"人物""纪事""风物"谋篇，以照片纪年为序。

本书所选老照片大多首次公开发表，为世人所罕见，其中晚清民国时期的占75%以上。这些图片既具有可视性、大众性、观赏性，又具史料价值和现实意义。

老照片里的"年味"

刘善文

　　过年，是岁月更替的标志，是一个烙上了鲜明民族印记的节日，是一个充分展示民风民俗的橱窗。贴年画，写春联，请福字，剪窗花，放鞭炮，春节染上了喜庆的红色；买年货，穿新衣，包饺子，团圆饭，春节饱含着浓浓的亲情；逛庙会，扭秧歌，踩高跷，跑旱船，舞龙灯，耍狮子，春节充满了欢快的笑声……几千年，中国人的春节就这样有声有色、有滋有味地一路走来。

　　多年来，我收藏了四十多幅规格不一的反映春节习俗的黑白老照片，它像一部纪录片，忠实地记录下了中华民族传统节日——春节。每每欣赏这些老照片，一缕缕年的味道便从这些习俗中飘溢而出，萦绕在我的心头，洒下阵阵暖意。

　　逛庙会是过年不可缺少的活动，早期庙会仅是一种隆重的祭祀活动，现在逐渐融入集市交易活动。人们成群结队地从四面八方赶来逛庙会（图1），照片上人群川流不息，摩肩接踵，那欢歌笑语、喜气洋洋、人山人海的热闹非凡场面，像一股浩浩荡荡的春潮汹涌而来，蔚为壮观。买年货是过年的"重头戏"，《买年货》（图2）的照片上，在上世纪五六十年

图1 1957年，天津天后宫春节庙会景象。

代，副食品商店纷纷出动流动售货车送货上门，为民服务暖人心。货摊上水果任人选购，买卖公平，好不热闹，成为那个年代最为亮丽的一道风景。在改革开放前的"计划经济"年代，商品供应极为匮乏，实行计划供应，按人口定量发行粮、油、蛋、肉、菜、布、棉等各种票证，也是几代人抹不去的春节"苦涩的记忆"。

记得儿时，过年最期盼的事情莫过于穿上一件新衣服，而过年时最高兴的事当数放鞭炮。照片上，小姑娘正在试穿妈妈刚做的新衣（图3），母女俩脸上堆满了笑容！那种笑容，是

图2 1958年春节，北京市宣武区留学路副食品商店出动流动售货车送货上门，为居民服务。

那么甜蜜，那么开心。

　　"千门万户瞳瞳日，总把新桃换旧符"。过年时，家家户户买年画、贴对联。在广阔的农村送"文化下乡"是春节一大亮点。许多县供销合作社的流动推销小组把大批书籍、年画及文具用品送到村庄。书摊前人头攒动，财神、灶王、关帝、

图3 1954年春节，河北省唐山解家套农业生产合作社的小女孩陈小翠正在试穿妈妈刚做好的新衣。

年年有鱼、连生贵子、五谷丰登等吉祥图案年画最受农民的欢迎，大人们还为小孩挑上几件喜爱的文具用品。（图4）《写对联》（图5）的照片，炕上放着一张方桌，一位老人和三个孙子正观看"秀才"儿子写春联。来年的美好祈愿，被饱蘸浓墨书写在红纸上，撇捺之间抑制不住喜悦之情。红红的春联贴在大门上，花花绿绿的年画贴在墙上，简陋的小屋在吉祥年画的映衬下，变得满屋生辉，年的味道也被渲染得醇厚香甜！

图4 1956年春节前夕，四川双流县彭镇供销合作社的流动推销小组把大批年画及文具用品送到农村。这是彭镇乡第一高级农业社的社员们正在购买年画。

"有钱没钱，回家过年"。无论你是春风得意，还是有载不动的许多愁；无论你近在咫尺，还是远在千里之外，谁都阻挡不住你归家的路。也不管那个家是华堂，还是茅舍，人们都匆匆赶回家，只为享受除夕夜团聚时的那份欢乐、那份亲情、那份温馨。瞧，除夕之夜，热腾腾、香喷喷的年菜摆满桌上，这一家三代人团聚在炕上围坐，老少同席，一起吃盛满醇香的团圆饭（图6），唠唠家常，谈谈工作，回顾一年来的得与失，温情四溢，其乐融融，饱含和凝聚着浓浓的亲情。

每逢新春佳节，饺子更成为必不可少的美味。年三十晚上十二点以前要包好饺子，待到半夜子时吃，这时正是农历正月初一的伊始，吃饺子取"更岁交子"之意，"子"为"子

图5 1960年春节，辽宁省沈阳市郊五三人民公社社员刘乃庚一家在写春联、贴年画，喜迎春节。

时"，交与"饺"谐音，有"喜庆团圆"和"吉祥如意"的意思。照片上全家人围着小桌子包饺子（图7），那原滋原味的馨香扑面而来。它弥漫在寒冬腊月的空气里，散发在城乡每个角落里。

过年，家家户户都悬挂大红灯笼，象征着一年的日子红红火火。大人们带着孩子挑选喜爱的小花灯（图8），小孩心里甭提多高兴。孩子们三人一伙、五人一群地每人手提各式各样的花灯，带着一份欢喜，一份炫耀，一份得意在人群里面穿梭

图6 1953年春节，天津市汉沽区芦台王德铸（左一）一家人吃团圆饭。

图7 1962年春节，北京郊区一户人家祖孙三代围着小桌子一起包饺子。

图8 1961年春节，南京市民在南京夫子庙花灯市场上选购花灯。

奔跑，嬉笑打闹……孩子们的脸上都洋溢着甜甜的笑容。

春节期间，农村到处可以听到喜庆而欢快的秧歌、锣鼓、唢呐声，到处可以看到玩龙灯、舞狮子、踩高跷、跑旱船等热闹而火红的景象。玩龙灯距今已有两千多年的历史。在古代先人用舞龙祈祷龙保佑，以求得风调雨顺，五谷丰登。它是春节期间最热闹的传统节日文化活动之一，为广大群众所喜闻乐见。一条条巨龙追逐宝球，飞腾跳跃，时而飞冲云端，时而入海破浪，蜿蜒腾挪，煞是好看。瞧，《扭秧歌》（图9）照

图9 1959年春节，北京南苑人民公社的老太太们跳起了秧歌舞。

片上老太太们腰系红红的绸子，扭起秧歌跳起舞，个个喜笑开颜，传递大家对新年美好生活的祝福和憧憬。

这浓郁的年味，从远古的风俗中走来，从大地飞歌中走来，从幸福的生活中走来，从欣喜的笑容中走来，成为中华民族一道永恒的风景，飘散在每一个人的心间，让人们永难忘怀。

末代王爷汪鹏程及其家人

杨廷华

在内蒙古鄂尔多斯市达拉特旗，汪鹏程是一个有点传奇色彩的历史人物。他曾是国民政府立法院的第一届立法委员，还被蒋介石认作义子。他是达旗历史上最后一个王爷，又是新中国达旗第一任旗长。

汪鹏程其人

综合《达拉特文史》和"维基百科"中的有关资料，汪鹏程的基本情况大致如下：

汪鹏程（1921—1964），字润生、致远，蒙古族，蒙名汪钦多尔济，1921年出生于蒙古上层贵族家庭，是老王爷逊布尔巴图的第三个儿子，人称三王爷。

汪鹏程小时候曾在北京教会惠文小学、国立北京蒙藏学校就读，后转入北京崇实中学读高中。1938年由蒙藏委员会保送入黄埔军官高教班学习，1942年毕业后又转入陆军大学见习半年，并被授予陆军少将军衔。

1944年，汪鹏程回到达旗担任西协理，兼任达旗保安司

汪鹏程（拍摄时间不详）

令部参谋长、国民党达旗党部书记长等职。1948年任南京政府立法委员，并被蒋介石认作义子。1948年10月，康济敏王爷（汪的大哥）病故后，由汪的二哥章景文代理王爷。1949年春，章景文让位，绥远省政府委任，汪鹏程正式成为达旗扎萨克（王爷）。

汪鹏程秉性刚烈，做事果断。他掌管旗政后，进行了一些改革：豁免农牧民税赋，整顿军队、财政、教育等。

1949年9月，汪鹏程率部参加了"九一九"绥远起义，投入达旗人民民主政权的组建工作。1950年5月1日，达旗人民政府成立，汪鹏程被推举出任第一任旗长，并兼任达旗人民法院院长。

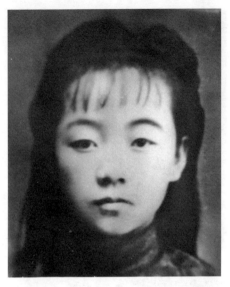

1946年，刘映华（时年18岁）与汪鹏程结婚后的留影。

1950年9—10月间，汪鹏程参加乌兰察布盟和伊克昭盟两盟民族上层联合参观团赴京参观，参观团返回张家口后汪被捕。1955年5月，伊盟中级人民法院以反革命罪判处汪鹏程无期徒刑，剥夺政治权利终身。汪始终不服判决，坚持上诉。1961年又被呼和浩特市郊区人民法院以抗拒劳改罪判为极刑，缓期两年，强迫劳动以观后效，剥夺政治权利终身。1964年5月，呼和浩特市郊区人民法院又以毫无悔改表现为由，再次判处汪鹏程死刑，缓期一年执行。汪鹏程在越上诉越加刑的情况下，自感上诉无望，于1964年6月13日自缢于呼市狱中，时年43岁。

1988年，有关部门开始关注汪鹏程家属子女的申诉，按照党的平反政策，重新审理了汪鹏程一案，于1988年10月26日作出了"内蒙古高院内刑二申字（1988）第30号刑事判决书"，对汪鹏程原认定的基本问题予以推倒：认定历史问题既往不咎；认定言论问题构不成犯罪；以无现行罪撤销原判。1989年2月6日，达旗旗委书记办公会议决定予以平反。盟旗两级统战部门正式宣布：恢复汪鹏程起义人员名誉。

女儿的追忆

汪鹏程有两个子女，老大是女儿，叫奇玉林，老二是儿子，叫奇耀。2015年年初，笔者分别登门采访了退休在家的姐弟俩。

奇玉林生于1945年，1963年初中毕业，曾任达旗政协副主席十多年，前些年从政协调研员的岗位上退休。

奇玉林说，她没有和父亲一块生活的直接记忆，但家人告诉了一些她和父亲在一起的往事。一次父亲给她买回一辆玩具车，把她抱上去玩，她却哭个不停，父亲生气地骂道："真是个妨主货！"还有一次，父亲把她从房顶上扔了下来闹着玩，下面是很高的麦草堆，是小孩子们很爱玩的地方。

父亲在监狱时非常想念他们，写信要他们姐弟俩的照片。照片寄去后，父亲回信说："见到你俩爸爸很高兴！至于爸爸的问题总有真相大白的一天！""真相大白的一天？"母亲悄悄地把信拿给一个有文化的远方亲戚看，亲戚说，他认为自己是冤枉的，这信可不能再让别人看啦！母亲害怕，马上把信烧掉了。

1964年夏季的一天，呼市监狱通知他们家属去领尸，说汪鹏程已自尽。继父胆小怕事不支持，他们姐弟俩也就没敢去，只给监狱领导写了一封信。信中说，"监狱的叔叔们，请给我们记住父亲的坟头……"后来，一场山洪把父亲的坟冲得无影无踪……

说到父亲的事对自己和家人的牵连和影响，奇玉林记忆犹新。

1963年，她从达旗一中初中毕业，并以优异的成绩报考了当时的伊盟师范。结果是"其父汪鹏程，社会关系复杂，不予录取"。

后来，她在一所民办学校教书，教师学生都说她是个好老师。然而好景不长，"文革"开始了，有人说，贫下中农的子

1963年5月，奇玉林（前排左三）参加伊盟篮球锦标赛时达旗代表队的合影。

1965年春节，16岁的奇耀与19岁的奇玉林合影。

弟还轮不上，怎能让一个反革命的子女教书？三年的民办教师生涯就此结束。

"你是达拉滩上的珍珠，我十二分地爱你……"这是一个公办教师写给奇玉林求爱信中的一句，这位教师后来成了奇玉林的第一任丈夫。有人问他，你那么进步，怎敢娶三王爷的女子？教师回答，出身不由己，道路可选择，重在政治表现嘛！然而，为了得到重用，后来这位教师还是说出了"不行咱就'从头越'哇"！"雄关漫道真如铁，而今迈步从头越"，不愧是"文革"，不愧是教师，夫妻分手借用的还是伟人的名句！

奇玉林回忆说，父亲死后，母亲嫁了一个贫农出身的农民。然而，胆小怕事的继父，根本替她撑不了腰。"文革"中母亲仍然多次被拉出去批斗、挨打，似乎她永远都是反革命分子汪鹏程的老婆。

比她小三岁的弟弟奇耀，在"文革"中被整为"内人党"，失去自由，白天打井，晚上挨斗，腿肿得不成样子。她去送饭，弟弟哭着对她说："姐，我不想活了……"她把他狠狠地骂了一通，姐弟俩抱头痛哭……

奇玉林对当年落实政策时的一些情节记得还十分真切。她说，时任自治区高院院长的杨达赖说过，"汪鹏程这个人精通蒙、汉、藏三种语言文字，当年审案两三个小时也不说重复话"。奇玉林还记得为她们落实政策时的一个批复："其父汪鹏程是国民党少将，落实政策将对解放台湾有一定的影响。"

儿子的诉说

汪鹏程的儿子奇耀，生于1948年，曾在生产队赶了八年大车，落实政策后被安排在达旗人防办，后来还加入了中国共产党，当过人防办副主任，2002年提前退休。

奇耀说，他两三岁时，父亲就进了监狱，因此他对父亲没有一点记忆。现在保存的父亲这张唯一的照片，还是父亲平反后，他借人家法院判决书上的那张一寸相片翻拍放大的，他也是从这张相片上才第一次知道了父亲的容貌。

奇耀五岁时随改嫁的母亲到了继父家，他说，母亲的一生，历尽坎坷，从王爷的太太到反革命分子的老婆，她饱尝了人生的甘与苦。奇耀的母亲2002年去世，享年74岁。

奇耀说他最早知道父亲的事是上小学的时候，同学们都说他是三王爷的儿子，当时他感觉自己和别的同学不一样，低人一等，抬不起头来。当时他就想长大后一定要想办法多挣钱，

1981年，奇耀的全家福。

把这个罪名洗清。

　　1965年在达旗一中初中快毕业的时候，一个同学偷偷告诉他，他在校长办公室看到，在奇耀的名字下写着："该生社会关系复杂，不宜录取"。他一下子明白了，看来上高中是没希望了。

　　笔者在有关汪鹏程的文字资料中一直未看到汪当年到底为什么被逮捕，采访中就此向奇耀求证。奇耀说他听人说，那时候人家说他父亲和吕郭保大是同伙。

　　《达拉特旗志》记载，吕郭保大曾是解放前横行达拉滩的一个土匪头子，后在达旗保安司令部当了连长。绥远和平起义

1984年，奇耀（后排左）与母亲刘映华及奇耀的长女、次子合影。

后，吕郭保大的连队被改编为中国人民解放军伊盟七支队的一个连。1950年6月30日，吕率部叛乱，将支队派去的指导员、两名班长等六人捆装在麻袋中，绑上石头扔进黄河杀害了。1950年8月1日，吕郭保大等罪犯被枪决。

奇耀否定了父亲与吕同伙的说法。他说，当年是他父亲以达旗人民法院院长的身份宣判吕郭保大的死刑的。

奇耀还说，公安局的人曾对他说，你父亲在监狱中一直不服管制，大骂共产党。公安人员希望他能正确对待。

邻居的印象

84岁的王锁曾是汪鹏程的近邻，他的记忆力相当好，向笔者介绍了他对汪鹏程的印象和他知道的一些事情。

汪鹏程的住处离他们家有一条马路宽的距离，汪比他大十来岁，他十几岁时汪二十多岁，汪一般不和他们这些小娃娃说话，但对村民可好啦，挺有礼貌，叔叔长，大爷短的。还经常

1984年4月，奇玉林（后排右四）出席伊盟政协会议时与达旗全体委员合影。

1992年，奇耀母亲刘映华与孙子、孙女合影。

问周围的人："我的兵害人了不？害人的话你们给我说，我好管教他们。"

王锁说，汪鹏程有过两个太太，大太太叫曹桂芳，好像是外地人，和汪没生育过子女，后来的情况他也一概不知道。二太太叫刘映华，本地人，生了奇玉林和奇耀两个子女。王锁记得，他小时候每天都要给二太太跑一次腿，一次买两块钱的料面（鸦片）。

王锁还记得他17岁那年，二太太快要坐月子了，汪鹏程在南京，黄河北边的包头正在打仗，为了躲避战乱，他和汪家人骑马把二太太送到了离包头比较远的、达旗西南边上的元宝湾，在那里二太太生下了儿子奇耀。

谈到汪鹏程为什么被逮捕时，王锁说了另一种版本。准格尔旗的王爷奇全喜、梅力更召的王爷郝游龙和达旗的王爷汪鹏程一同去北京开会，被查出了有人带着八缨子（手枪），三个人就都被逮起来了。到底是谁带的枪，王锁说他也不知道。（笔者很多年前也曾在社会上听到过这一版本）我追问王锁是怎么知道这些事的，他说，汪鹏程被逮捕后，汪的勤务闫方狗返回了达旗，向人们说了中途发生的事情。随后，闫方狗就把汪鹏程手下的枪支和马匹都交给了政府。

征 稿

《老照片》是一种陆续出版的丛书，每年出版六辑。专门刊发有意思的老照片和相关的文章，观照百多年来人类的生存与发展。

对稿件的要求：所提供的照片须是20年以前拍摄的（扫描、翻拍件也可），且有一定的清晰度，一幅或若干幅照片介绍某个事件、某个人物、某种风物或某种时尚。文章围绕照片撰写，体裁不拘，传记、散文、随笔、考据、说明均可。

编辑部对投寄来的照片，无论刊用与否，都精心保管并严格实行退稿，文字稿恕不退还，请自留底稿。稿件一经刊用，即致稿酬。

来稿请寄：山东省济南市经九路胜利大街39号　山东画报出版社《老照片》编辑部

邮　编：250001

E-mail：laozhaopian1996@163.com

网　址：www.lzp1996.com

电　话：（0531）82098460（编辑部）（0531）82098479（市场部）
　　　　（0531）82098042（邮购部）

邮购办法：请汇书款至上述地址，并注明所购书目。

邮发代号：24-177

《老照片》网站开通

为方便读者朋友阅读和交流，《老照片》网站已开通。网站开设新书预览、分类精选、往期阅读、论坛等功能板块，欢迎访问并提出您的宝贵意见和建议。网址：www.lzp1996.com

我国桥梁界先驱李文骥

叶建功

我与宁夏大学教授李术培相识已久，其父李文骥为我国桥梁界先驱，曾与茅以升、詹天佑共事，最早并先后五次参加了武汉长江大桥的设计、测绘和勘探工作，曾参加钱塘江大桥的建造与修复工作等。李文骥毕其一生以科学报国，而又甘于淡泊，其才学、精神俱佳，但其往事却鲜为人知。

寒门才子

清末光绪十二年（1886），李文骥出生于广东省广州市番禺县钟村一个以教书为业的寒儒家庭。自小随父读书，好学善悟。十六岁到广州，开始了新旧学兼攻的求学之路，他尤痴迷于数学，渐至研算中国古算术《天元开方》《四元玉鉴》，并研读翻译外国代数，以不断攻克难题为乐，常常彻夜挑灯演练。

1905年，京师大学堂在各省招生，广东省名额仅有24名，李文骥以前几名的优秀成绩考取赴京，先上预科班，时学堂里中国教授甚少，多聘西欧国家教授，故他得通德、英、法等国语言文字。预科四年毕业，当时科举虽废，旧称尚习，得

李文骥。摄于1924年。

"奏奖举人"，授职奉天省知县。时清王朝风雨飘摇，受家庭熏陶，他不愿做官，遂返故里，稍后返京复入京师大学堂，选土木工程系深造。1911年辛亥革命，学校停课，他庆幸首义成功，在京办报，鼓吹革命。民国成立，学校复课，改名为国立北京大学校，聘任严复先生为校长。

李文骥在校期间潜心学问，仍醉心数、理，驾驭解析，常有游刃有余之快感。同时志趣广泛，在校和以后的人生历程中，对文史、地理、逻辑、哲学，乃至宗教均有研究收获，他对学问有无穷的求知欲，凡学必探其渊，溯其源。他又善诗词，长于古典格律诗；亦擅长书法，其风格俊逸洒脱，堪称书法家；又爱好摄影，一些照片为国家留下了珍贵的历史见证。又因崇拜严复，深钻严复翻译的大量西方哲学著作。由此积累了丰厚的知识，并初步形成了以西方科技为中国所用的实业报效国家的理想。

1913年，李文骥以优异的学业毕业，是中国培养的第一批土木工程人才之一。

长江大桥

土木工程系毕业后，德籍导师米娄教授带领李文骥等十余人，赴汉口勘测、设计建造长江大桥，将大桥作为向辛亥革命的

武汉黄鹤楼。李文骥摄于1913年。

1916年的上海街头，已有有轨电车。李文骥摄。

献礼。师生拜见鄂督黎元洪和川粤铁路督办詹天佑，得到两位要人的支持，但之后囿于北洋政府的现状，计划终未能实现。

1928年，南京国民政府成立铁道部，孙哲生为部长。次年聘美国桥梁学家华特尔筹划武汉扬子江铁桥，并介绍美商贷款以兴建。铁道部命李文骥负责测量勘探，并协助华氏做方案设计，开始了第二次测量勘探工作。1930年春，因孙哲生未续聘华特尔，只予名誉头衔，华氏回国。留下李文骥独当前期工作，时国家整体工业落后，又乏资金，李文骥在极度缺乏材料、工具、工程技术人员的情况下，于9月上旬完成初步勘探

李文骥夫人周婉贞。摄于1924年。

任务。华特尔在此基础上提出了方案和概算，但国民政府终究无力完成这一浩大工程。李文骥心血付之东流，仅以论文《武汉跨江铁桥计划》发表于1931年中国工程师学会年会上。

1936年粤汉铁路全线通车，此时平汉铁路已先建成，于是武汉长江大桥的建造已刻不容缓。据茅以升文章中提到："1933年秋，应湖北省政府之约，前去商洽武汉造桥事，经过桥工处同仁努力，于1936年8月做出建桥计划书。"此事李文骥当其首任，1937年开始，他第三次进行新方案桥址的测量勘探工作。新桥址较前两次为优，他投入了极大的热忱，带领助手们紧张地展开勘探、测绘工作，并畅想大桥建成之日，实现信步过长江的愿望。

然而，就在计划付诸实施之际，日寇侵华，抗战军兴，致使建桥大业再次搁浅。

抗日战争胜利后，鄂省主席、鄂汉路与平汉路铁路局局长力主筹建武汉长江大桥。茅以升促请李文骥任中国桥梁工程师，兼武汉办事处主任筹建大桥。李文骥第四次进行建桥设计诸项工作，在与前三次设计勘测比较中制定出更趋完善之方案。然而又终因内战爆发而经费无着，建桥再次搁置。

新中国成立后，李文骥虽年华已迟暮，但依然盼望实现一生之宏愿。遂作《筹建武汉长江大桥建议书》，其文云："武汉三镇居国之心脏，为交通之总枢纽，然因长江天堑，南北受阻，此际欣逢中央人民政府已成立，同人等不揣菲薄，建议筹建过江大桥……"书中详述各次规划经过和受挫原因，论述新中国能建成的可行性和具体的工程内容、经费预算（600亿旧人民币）。

是年冬，铁道部电邀李文骥赴京，他在赴京途中欣喜不已，作诗云："喜接诏书赴上京，奋蹄老骥事新程。精心测点龟蛇峙，素志终酬时势更。大业运筹同故旧，道途利泽到庶民。金桥指日屹江汉，际会风云无限情"。

1950年元月，铁道部成立"铁道桥梁委员会"，李文骥为委员之一，3月成立"武汉长江大桥测量钻探队"，李文骥为主要负责人，第五次赴汉进行建桥先期工作。8月北京成立大桥设计组，李文骥提出的建桥方案极有见地和创造性，并和苏联专家们相辨析，力陈自己的意见。此时，他已抱病在身，坚持至1951年6月，终致病卧床榻，犹念念不忘大桥的建造。是年8月，李文骥病逝，终年六十五岁。嗟乎！天不假年，壮志未酬身先死。他临终时一再叮嘱儿女，大桥建成通车时勿忘祭告乃父，以达实现大桥信步、拍遍栏杆的夙愿。

此后至今半个世纪以来，李文骥后人凡到武汉，必徒步走过大桥，以志怀念。

李文骥先生对大桥的贡献在于，其凡37年的大桥设计、勘测的详尽资料，为1957年武汉长江大桥的建成提供了重要的参数。

钱塘江桥

1932年，留美工程硕士曾养甫先生任浙江省建设厅厅长，提出建造钱塘江大桥的动议，获准后四方筹集资金，力邀留美工科博士茅以升主持大桥工程。茅公欣然到杭州和曾公全面叙谈。当时国内已建成的郑州、济南黄河大桥，松花江大桥，蚌埠淮河大桥等均为外国借款，由俄、英、法、比等国专家主持建造的。两位先哲认为，钱塘江大桥应该也完全可以由中国人自行设计建造了。对此铁道部内有争议，但此时北大土木工程系学子们已经在各部门崭露头角，在各地建成一些路桥，形成了不可小觑的少壮派，终于压倒了崇洋派。

铁道部聘请茅以升主持钱塘江大桥工程，并聘李文骥、夏光宇两位部委工程师参与，做为茅以升助手。后李文骥被铁道部任命为大桥建设工程总监。

1934年11月11日，钱塘江大桥开工了，茅以升率李文骥等四大工程师精心勘察设计，大家鼎力同心，克服种种难以想象的困难，筚路蓝缕，昼夜施工。大桥刚开工，本来答应投资的

李文骥与孩子。摄于1928年。

外国银行因总设计师是中国人，便终止贷款，而国民政府铁道
部也因时局动荡，无力顾及这座大桥，最后还是由浙江省政府
出面，以集资的方式解决建桥资金160万美元。广大施工人员
中懂技术的工程师、技工很少，作业中时有亡、溺事故发生。
因此，茅、李等高级工程师常常事必躬亲，赴险排难，殚精竭
虑地苦干着。

　　钱塘江大桥采取了全新的建桥方案，以获得低成本、高
质量、进度快的效果，打破了传统的造桥程序，创造出上下并

进、一气呵成的新方法，即基础、桥墩、钢梁三项工程同时开工，这在中外桥梁史上绝无仅有。运用这种方法，由我国自行设计、建造的第一座现代化大桥，在极度艰难的条件下，用了两年多的时间就建成了。

1937年8月，抗战已爆发，14日晨，茅以升与李文骥等20余名工程技术人员下到六号墩的沉箱里面作业。沉箱是一个深入水下30米的巨大箱体，空气和电力由桥面电闸处通过管道传送进来，作业环境简陋而危险。然而就在此时，日军出动了十三架重型轰炸机轰炸杭州湾，忽然沉箱中一片漆黑，死一般的沉寂，时间稍长，沉箱中所有人员便会因缺氧窒息而亡，就在死神即刻迫近时，沉箱里又迎来了光明。诸公出水后方知，桥上工程人员为躲避日军炸弹而疏散，多亏管电闸的师傅以高度的责任心惦记着水下工作人员的安危，置个人生死于不顾，坚守岗位，在敌机群飞离大桥后即刻合闸，拯救了桥梁建筑精英们。

11月中旬，持续了三个月的淞沪会战结束，上海陷落，日军进攻杭州。为延缓日寇进犯的速度和不给日军留下大桥，南京政府下达绝密文件，决定在桥上安置炸药，视情况随时炸毁大桥，在此间隙抓紧时间转运军需物质、疏散难民过桥。12月23日下午，日寇先头部队即将到达大桥时，大桥在全体工程人员注目下炸断了！这天是大桥建成通车的第89天。李文骥含泪拍摄了炸断后的大桥照片。面对国难当头、外夷践踏中华大地，他心中充满了对侵略者的仇恨。

1947年3月，李文骥又奉调回杭州，担任钱塘江大桥管理处主任，负责大桥修护和收费等工作。此时大桥已临时修复。依照战前借款条款规定，通车后征收车辆过桥费，为付息还本

李文骥与夫人周婉贞、大女儿李希在宜昌住宅院内。摄于1928年。

之用。修复方面，有桥墩四座、钢梁五孔需彻底加固，公路路面、护栏等亦需修整等。本拟两年全部修竣，终因财力不济，修复工程进展迟缓，以致主要桥墩都未完工。

　　在两年多的建桥期间，李文骥用租来的一台摄影机，拍下了2500米的胶片，这些胶片被装进十四只箱子里，在战火中颠沛辗转，最后完整地转交给上海铁路局。后来这些胶片被编辑成了中国最早的工程纪录片《钱塘江大桥工程》（如今存放在茅以升纪念馆内），为后来修建大桥留下了重要的参考依据。

抗日烽火

钱塘江大桥被炸断后，李文骥由铁道部派驻广州，担任粤汉铁路南段及广九线桥梁抢修工作，这期间工作紧张，危险如影随形。日寇不间断地密集空袭，狂炸粤汉线和广九线。因为这时期抗日的军火物资运输主要由九龙启运转粤汉线北上，每天开行十多对列车，因此日寇在1937年冬至1938年秋疯狂轰炸，必欲置铁路线瘫痪方才罢休。因此，几乎每天都在抢修铁路。李文骥每晚带领员工乘工程车或手摇车巡回查勘路线、桥梁、涵洞，发现毁坏之处，立即投入抢修。当时，若小桥被炸坏总能在两三天内临时修复，最严重的一次抢修了七昼夜。各大桥梁都有我方高射炮部队驻守，敌机不敢低飞，高空投弹又不准确，故重要桥梁幸未被炸毁，间或有局部损伤，紧急抢修，尚未妨碍通车。最严重的一次是广九路紫水河桥150英尺跨度的下沉桁梁三孔中间的一座桥墩被敌机炸散了，所幸桥梁未坠落河底。李文骥携员工以钢轨做箍几道，将已散的桥墩箍紧，即恢复通车，维持军运，同时制作了钢筋混凝土套筒，将桥墩全部围住，里面浇灌水泥浆，照此做法，每天夜间一面通车一面施工，在争分夺秒地抢修中，约用了一个月完全修复。

1938年10月广州沦陷，李文骥携工程队退驻衡阳。此时期敌寇轰炸的目标转向城市，欲瘫痪我们的经济，时李文骥兼任防空办事处工程股股长，主要任务是设计和抢修防空洞。他在繁忙的案牍工作和实地抢险中，在经费、材料极度匮乏的战争时期，以其艰苦卓绝的毅力，为抗战尽最大的力量。虽然工作紧张而危险，又抛妻离子，但他劳而无怨，曾赋诗言其志：

"大好河山罹寇烽，战云阴霾怖湘中。匹夫自有兴亡责，制倭能无尺寸功？时毁时增敌忾，建朝建夕护交通。所嗟骨肉音书断，怅望衡山回雁峰。"

1943年6月衡阳沦陷，李文骥退到灌阳县，暂以教书维持生活，但很快日军又至，他进山避难，身边还带着一双小儿女，不停地跟当地人在山间密林中穿梭，以躲避日寇搜山，为此食宿无着，雨淋冻馁数日之久。当冬季来临时更是饥寒交迫，濒于绝境，全凭老乡们接济苟活，熬过寒冬。春季到来时，敌军撤退，李文骥下山到县署担任技师之职，维持长幼生活。但是不幸又染重痢疾，几至殒命。他终于1946年1月辗转回到家乡，得与老妻团聚，互道别后情景，叹谓恍如隔世，又陆续得知散落各地的儿女四人来信报平安，不胜庆幸之至。

李文骥在抗战时期，以其才能和生命为抵御日军的侵略做出了重要贡献，表现了中国知识分子的高贵民族气节。

报国遗憾

李文骥在大学读书期间，勤奋学习，学业优异，立志学成报效国家。毕业后的1913年7月，他被委任为詹天佑的粤汉铁路督办处任工务员。当时督办署分设湘鄂、汉宜、宜夔段工程局。李文骥在汉宜段工程局德籍分段工程司领导下，从事汉口至宜昌间线路的实测、建筑工作。1914年，第一次世界大战爆发后，英、德籍工程司分别回国参战，乃得逐渐由中国工程司替代进行铁路建设。但终因四国借款日减，工程于1917年完全停顿。

1918年春，川汉铁路局又邀李文骥测量建阳驿至襄阳老河口的支线，不久升为工程司。1920年，他又被派往宜昌上游测

周婉贞与孩子。摄于1929年。

量宜夔段路线。复测完毕后，留在宜昌从事重编川汉路的工程预算。时欧战虽已结束，但各国经济尚未恢复，借款无望，导致工程不能进展。此时李文骥被派为宜夔保管委员兼代总工程司，其间还应邀为地方当局做公路建筑的设计测绘工作，如宜昌当阳线、恩施巴东线，都是在山峦耸峙的大山里找出最佳路线。然又因政局纷扰，地方经济困难，不能付诸实施。

1927年，李文骥被借调担任赣粤公路的测量队长，具体担任赣州至大庾段工程路线的测量。测量将竣时，韶关方面战兴，又一次致国道计划未能实现。此后，李文骥为桑梓地方交通建设尽力，在珠江三角洲建设沙茭公路，大大便利了粤地交通，为民众造福。

不久，南京铁道部成立，李文骥返回铁路部门，任职七八年之久，做了大量工作，其间除武汉大桥、钱塘江桥外，还担任了京粤铁路、佛中铁路、南京铁路轮渡引桥、福建漳龙铁路等工程的设计测绘、建造工作。

凡李文骥亲历的工作，莫不是尽最大才智奉献，然生不逢时，他的一生始终伴随着国运多舛、民不聊生的苦难现状。他经历过清末列强蚕食中国，民国时期军阀混战、兵燹天灾频仍，又逢日寇侵华八年之久。他纵有满腹经纶，超凡才干，在此多事之秋的背景下将何以施展？因之多为徒劳之奋斗，报国化为遗憾。

1938年：女教师从军记

张　忠

　　1938年6月初，日本侵略者沿长江进犯芜湖、大通、贵池，眼看就要占领省城安庆。安徽东南中学的女教师葛冰如，时年36岁，毅然放下教鞭组织妇女抗日救国团，与二十多位同胞、知识女性加入到著名的淞沪抗战部队——国民革命军二十七集团军。本想为救国出力，谁知事与愿违，国民党军队在日军的强大攻势下竟一路退却。作为一名女教师，一名刚入伍的新兵，葛冰如无力抗争这股弃守退却的潮流，她把争取抗日的心迹全表白在文字里，今天读来，仍能洞察她的纯洁心灵和爱国思想。

　　1938年6月12日前夜，天降大雨，日军距城30里，江面浓烟冲天，逃难的百姓泪流成河，枪弹声裹着哭喊声一片一片。她依依不舍地随军撤离安徽，对总司令部和政府当局的消极行为产生的疑惑、责问和对日本侵略者的憎恨，以及对家乡亲人的眷恋，全都化作离别之痛！这种内心的痛楚，使她很快觉醒，入伍一个月后，当她随军到达大后方重庆、成都时，毅然决然脱去军服，再次拿起粉笔，投身到民族的教育事业中去。十年后的1948年，她把唯一的嗣子丁甲送到西南，加入了中国人民解放军……

1902年，葛冰如出生在怀宁县郑河乡的一个知识分子家庭，初名世洁，字冰如。葛冰如一生清贫，命运多舛。10岁时，教私塾的父亲患肺病吐血亡故。12岁时，考取了公费派遣的江苏女子师范学校。5年后毕业，以半工半读的形式进入无锡国学专科学校；其间，结识了刚从保定军官学校毕业来江苏陆军大学参谋班深造的军校学员丁子腾。次年二人完婚，婚后不久，丈夫

葛冰如中年时的留影

丁子腾即被任命为苏常镇署参谋，两年后，他们有了儿子。正当夫妇欢悦当中，儿子不意急症夭折。到结婚第四个年头上，丈夫丁子腾因操劳过度病逝于任上。葛冰如一下子没了主张，几乎失去了生活的勇气，但她最后还是咬牙挺了下来。这年，她丈夫的兄长丁云程也因突发急症而身亡。为了遗爱，为了尽一个妻子、母亲的责任，她把亡故夫兄的儿子丁甲接到身边抚养，改名"恨非"。从此寡居，与嗣子相依为命，与粉笔相伴几十年。此后，葛冰如又将失去父亲的娘家侄儿、寡嫂及老母亲接到身边，一家人全靠她一人支撑，过着节衣缩食的清苦日子，直到终老。

从1923年起直至新中国后，葛冰如当过附小主任、训育委员、级任导师、女生指导、教导主任等职。其间，主要担任文史地和国文教员兼级任导师，并担任中学"凌寒文学社团"的

指导老师，取笔名"凌寒老人"。她曾经任教的主要学校有：安徽省立一女师、省立三女中、凤阳师范、省立二临中、东南中学、四川天府中学、霍山师范、怀宁中学、安庆高级中学（安庆一中）、安徽省第二中学，等等。至新中国成立前夕，葛冰如仅凭一支粉笔，负担娘、婆两家六口人的生活，靠的是她那吃苦耐劳精神和加班加点拼命干活的双手。过度的劳累，使她经常晕倒在校园内，最严重的一次，竟有十五天不能起床。幸好被进城的解放军医疗队发现，及时为她输了血浆，方才苏醒过来。病体刚刚恢复，葛冰如再次走上讲台……写到这里，我赶紧打住，在葛冰如十几万字的手稿当中，这类细节太

1948年，葛冰如与凌寒学社学生合影。

多了！我不禁问自己：一个弱女子，单身薄力地在旧社会中闯荡，在学业上打拼，养活自己，养活两家三代人，一心扑在教坛上，视学子为己出，间或在风雨交加、炮火连天的恶劣战争和自然环境中，和军中男人们一起，徒步行程几千里，途中还多次扶济危困，帮助他人——这种精神从何而来？这种力量来自哪里？

我在整理已故地方民主党派人士的手札中，发现了葛冰如女士的三本手稿，字体宛秀，密如蝇头，均用毛笔竖写在浅黄毛边纸上。一本叫做《西行记》，一本叫做《东归记》，还有一本是《冰如文稿》。三本手稿都写成于抗战初期，是不可多得的抗战史料。

葛冰如自上世纪二十年代初起，即以"中央研究院研究生"的资历，在安徽、四川等地中学教书。1938年夏，日军侵入长江流域。安庆地处长江北岸，时为安徽省省会城市，也是八百里皖江（长江中下游接壤处）门户之首，其战略地位十分重要。其时，国民革命军第二十七集团军，参加淞沪大战后退守安庆，因伤亡过重，在安庆整编。文中的一条主线说的就是"二十七集团军"。

据史料记载：二十七集团军为原川军二十军改编而成。1926年10月23日，北伐军总司令部委任杨森为总司令，后鲜光俊为该部行营参谋长。下辖六个混成旅、一个宪兵大队、一个手枪大队、一个精练司令部和一个机炮指挥部。1937年该军隶属第十九集团军参加淞沪抗战，原辖三个师：第一三三师，师长杨汉域；第一三四师，师长夏炯；第一三五师，师长杨汉忠（继任杨干才）。1937年至1938年5月，该集团军隶属第五战

现在姓名	葛永如	原名	葛世寧	化名		别号	秀峯起	年龄	五七	性别	女
家庭成份	小土地出租	本人出身	教员	籍贯	怀宁籍			民族	汉族	宗教信仰	
文化程度	国学专修馆	原籍住址	怀宁县何冲乡			现在住址	安庆市大潚巷万号				
现在职业	安庆2校教员	丈夫点妻姓名	早故			现在何处任职					

家庭经济情况	人口与职业	子丁甲,现在南早政委员会工作,妇嘉珪孫枘,姪婦及大嫂立身佃种
	家庭经济情况如何(每年成立情况)家庭经济源主要靠何种劳动生产和职业(如做工、种田、殴商、出租土地以获其他职业等?)	三十多年来全靠教员維持家庭生活,土改後分得了田,是小土地出租。
	个人的生活主要来源及个人收入和本人对家庭负担情况	全家生活由我身担
	家庭佣人多少,或出外劳动的人多少?家庭人员中有无参加政治活动者,如有是参加那种革命或反革命重活又政治团体?	儿子丁甲在安庆解放後,就参加二野軍大学习,姪主珪幸是小学教员,因吐血离去,現在媒石庵工作四個月,侄媳又失業,嫂和姪婦只有操作家事。
家庭经济情况	你对土地改革的意见和态度对土地改革时你参加土地改革时你参加或分入土地改革中,家庭中有哪个人在土改中受到表揚或戰鬥中之惩事?	我对土改,初心疑,經向同情地了解後,後我分得了土地,只拥护土改,农人的慈廉和我一樣。

社会背景?影响现在的社会关係…	(1)里兄書的前,嘗做過太爺好,聽説現在行北是身给教書(姓名不詳)我誉話不同,他曾接席位,拉旧期向,他与家庭不通消息,我嘗接席他家庭。
	(2)橫兄葛曜東,嘗做反動的口民党時期省党部的組织部長,後改任安庆藝林局5長,他的原陳嘗5我同屋住遇两個佣,聽說現在省府。
	(3)世運員微南,他做也在反動反党部婦女部長,的著任軒事,後又收省捐戶反動的國民党,抗日問争起,就也另另联表(以上三人,遂方有嘗實得)
	(4)来姪倪涓德,在潜山申学教書,嘗力荐我參加師範习习。
	(5)沈子行是同事,嘗為我介紹2作,又常指軍我习习。
	(6)程勉建是同事,嘗為我介紹2作。
	(7)教厨業陽全國)对我的习习和2作,现在安慶教育科。
	(8)老師楊折乙,現在北方學生2叶部,經常教厨我习习。

— 1 —

葛冰如履历表

区，参加了在以徐州为中心的鲁南和苏皖北部广阔地域上组织的大规模抵抗日军的会战，史称"徐州会战"。会战经过了津浦路保卫战、台儿庄会战和徐州突围等著名战役阶段，前后历时5个月。1938年初，杨森率第二十七集团军在安庆整编，此后，又参加了著名的武汉会战……作者葛冰如，正是二十七集团军在安庆整编的这段时间里，投笔从戎，她的族叔葛孝先在该集团军团司令部秘书处任秘书长，作者也就有幸参军入伍进入司令部当上了一名女秘书……历史细节，文中多有披露。请看作者的亲身经历——

　　……连日报警电报，像雪片般的飞来。水路方面，日军敌舰队已过贵池，有溯江西上的趋势。陆路方面，徐州我军已经放弃，敌军的目标移向武汉，中原战争非常激烈。安徽是武汉战场的外围，当然是非常吃紧，扼守大门的一三三师系新补充来的兵员，没有作战经验，真叫人担心。所请增援的兵，昨天有电来，要到一周后才得到达，敌机是整日的在市空盘旋着。我究竟是个初入行伍的人，表面上虽也很镇静，照常工作，但内心却异常的焦灼，曾同团员们谈及，都想请求军事当局，及早加强防守的力量，保卫我们的家乡，保卫大武汉的外围。

　　……砰訇炮声震了一天一夜，由远渐近，谍报上说敌人已溯江而上，现在新河口和我军相持一夜了，该地离城（安庆）只有三十华里。
　　天刚发白，大雨往下倒，阶下的水，一刻便积了一尺多深，雨向下降，水向上涨，我们整好了行李，等候命

1938年葛冰如《西行记》
手稿之封面

令。已坐了一夜，这时正在庭前徘徊，传令兵送总部参谋处的令来，叫全团坐兵粮船先到江西去，派两个副官同阵，我猜度杨（总司令）、鲜（参谋长）诸君的意思，是怕女子娇弱不能吃苦，所以先送走。我素来是好强惯了的，怎肯示弱，况且木船行驶的速度远不如轮船，现在敌舰已压在江面上，倘追踪直上，那一叶孤舟是如何的危险，远不及在陆地上行动可以自由些，所以我就不愿接受命令，也不和他们一道出城。我们出西门，翻过丁家山转公路，再到集贤关会齐，或者还比他们早到些，看他们还说我们弱不弱。主意定了，便动身，才出城便看见江上的黑烟迷成一片，分不出水和船。炮声、雨声、哭声惊天动地。对面说话都听不见，市民们扶着老的，牵着小的，背着包袱哭啼，拼命的向前挤，人比路宽，浩浩荡荡都向丁家山那条路上涌来，我们也加入人的波涛里，一会儿被涌着前进几步，一会儿又倒退回来。地面上像浇了油似的，一不小心便滑倒，人与人相距的密度若突然一松，后边的人猛不防一滑倒便是一大串。军人和难民们同在泥水里挣扎着，互相抱怨着，踩着、碰着，骂的、呻吟的，闹得昏天黑地。我也跌了两跤，额头上都是泥糊着，帽子已跌得不知去向了。好容易才挤到集贤关，找着了总司令部，坐下来休息，抬起手来看表上的时间，手颈上却光光的，表不知在什么时候搞掉了，听旁边的人说已经三点多钟，二十五里路走了六小时，行路难。这才刚刚开始，不挣扎是要落伍的，我暗自激励着，总部诸公看我们还赶得上，也就没有说什么，只叫休息一会，吃点东西再说。不一刻守兵告急，敌人已从关道袭桐城。杨、鲜诸公闻报都说：刘旅该死，怎么这样不注意，贻误大事。本来这条路在历史上是很有地位的，清朝时候太平军攻取桐城也是走这儿的，真难得敌人现在来警醒我们，使我们以后对历代战争的地图好好的研究。语云："外患可以兴国"，"国无外患者国恒亡"，"得一次教训，长一些经验"。我们中国教训受得多，经验很丰富，一定不会亡的。历史上的例证很多，翻翻都是，我们要相信我们的民族潜力很大，任何外侮都不能灭止我们民族的……

总部原定第二天移潜山，现在情势吃紧，马上传令迁移，秘书处、副官处、经理处人员先行。我和团员随秘书处行动，于是我们又踏上泥途，在大雨里向前进。经过（安徽怀宁）育儿村时天色刚近昏黑，我几次想回家探望嫂嫂和弟弟们，但团体行动不能自由，只在烟雨迷蒙中屡屡回望故居，直到看不见了才拖着沉重的脚步，怀着怅惘的心情直往前进。

夜过半才到源潭铺，雨又大，路又黑，夜又深，找不着民房休息，就在车站的屋檐下靠着墙壁坐下来，檐浅了雨点子时时淋到头上、脸上，满身又被污泥包着。夜深气候转变个个都嚷冷，大家坐拢些，彼此互相偎依，好保持体温，我因太倦了，居然朦朦睡去。

睡得正酣，忽然惊醒，满耳人声，原来是赵参谋赶来了，又催大家动身。个个都走乏了，懒得动。有的想再睡一会子，有的说肚子饿得慌，要设法弄点东西吃，有的想听听消息，也有的无所谓的，只有少数人愿意马上又出发，结果还是吃了稀饭才动身。一路上伤兵、难民络绎不绝的，枪炮声、血腥气一阵阵的向耳朵里钻，向鼻孔里扑。我没有怕的感觉，只是周身血管里的血在加速度的奔腾着，忘却了自己。

……到潜山的汽车站预备寻一所清静的房子安顿我们一班人，谁知副官处、经理处早已捷足先得了，只剩车站办公室的一个角落是空的，不得已就坐下来。行李是湿漉漉的，人是水淋淋的，疲极了，便横七竖八的睡下，任凭蚊子围攻。我所择的地点是电话附近，丁铃铃的闹了一通宵，轰隆隆的炮声比昨夜更密、更近。据大势推测，潜山、太湖、宿松必都守不住。唇亡齿寒，江西和武汉便受敌威胁，倘敌军三路进犯——一由长江西上；一从陆路沿太湖、宿松攻黄梅、蕲水逼武汉；一由六安叶集、固始光山南下——不独武汉危险，就是长沙、岳州、修水也必被窥伺，因这是历来用兵必争之地，历代战争形势图上注得非常详明。我们军事当局对这些要地必早已把重兵防守了，但看眼前的形势，又似乎没有充分的预防，只抱着退让的主张，究竟采的什么策略，我们真无从得知。的确令人忧虑。我睡不着，一时担心国家，一会又担心老母和立儿夫妇，他们还留在战区里。反复的想着，睡意一点也没有了，眼巴巴的盼望天亮。

天可煞作怪，似乎是故意为难，鸡叫了四次还不见亮，这时睡在地上的人，也陆续醒来，都嚷饿了，因为昨天只吃了一顿粥。看看天亮了，屋子里也渐渐看得清晰了，只见他们睡的地面上有条条的湿印子，再看他们每人浑身是泥包住，只有一双眼睛里没有泥，但转动也不十分灵活，是疲倦的，是忧怯的，是滞涩的。平日生活舒适的人现在大有啼笑不得、进退皆难的情形，我猜他们懊悔，懊悔不该一时为义愤所激，来参加这个团体。我怕他们有始无终，被人家讥笑，安慰他们，鼓励他们。早晨弄不着饭吃，叫勤务跑了许多路才买到几十个鸡鸭蛋，烫熟了大家作点心。吃过了一同入城去，打算在本家那里去洗洗澡，烘烘衣，休息两天。谁知道进了城，街上冷冷清清，没有什么人来往，家家大门都交给铁将军守着，间或有几家的门开着，里面是搬得空空的，找人找不着，任何东西也买不到，又饿着肚皮走出城，才走到城濠边，看见孝先叔同鲜参谋长和一班官佐们迎面走来，他们问我们住处，我将经过情形说了，他们叫一同回到王氏宗祠去，因总部已移驻在该祠。大家走到祠里，总司令已拿着地图和任、张两参谋密商作战事宜，见我们来了，便放下地图，招呼大家坐下，很从容的说："现在本军奉令开到江西修水去，明日总部就移驻水吼岭，此地马上有激烈的战争，工作团的各位同志虽然是爱国的，心最热烈，但究竟是青年，况又是文弱的女青年，既危险又不方便，总是以求学为上策，将来再替国家服务，不必现在急急的要工作，我已经令经理处拨川资，明天就随吴军法处长到汉口去，到了武汉再想办法复学。葛先生这几天也辛苦极了，也到武

1938年葛冰如《西行记》之手稿

昌本军办事处去休息些日子。本部的职务，葛处长和辛秘书愿意暂代。已经说过了，将来本军到了修水以后再派人接葛先生。"团员们听说送到武汉都高兴，我真有点难为情，我是牛性子，不受抬举，我总记得闽省张清宜有两句诗："古人惜蛾眉，毋乃存深忌"。虽不敢把成见推向一班人，但受优待多少总是含有一点说不出的羞愧。本想表示不去的意见，孝先叔劝我不要意气用事，不要误会，在非常时期要特别谨慎，不要轻重倒置。我仔细想：长辈的话是不可不听的，也就准备动身了。当晚由副官处派人觅得了民房一间，安顿了我们这批泥人，吃饭问题也由他们代为解决了。大家在灯下正烘着衣服，听窗外的雨声又大起来，心想横竖明天还是在泥里雨里走，何必多费力。于是，大家把衣撂到一边，都睡下去，不管那远去的炮声和街上溃退下来的兵枪声、马蹄杂沓声。

晨餐后，由副官处派一辆汽车来给我们乘坐，大家高兴从此不用得再拖泥带水的跑了，懊悔昨晚不曾把衣烘干。我上了车，很安心的靠着车围板想睡一觉，谁知这些苦是命中注定的，车驶行不一会，机器坏了，修理许久才勉强的能开动，偏偏雨越下越大，路上的泥水越走越深，车子倾侧，陷在深泥里，不能转动，车上的人都下来帮着推挽，忙了很久，始终不得起来，司机下来一检查，轮胎坏了，没法修理，大家只有望望车子叹口气，一同开步走。雨把眼睛淋得睁不开，地上的泥又滑又深，走一步要顿几顿，天色黑了才到太湖。在城外买点面饼吃了又走，眼睛涩得像沙腻着，头昏昏沉沉，像喝醉了的人，两双脚不受意识的支配，本能的向前移动，但一遇到不平的地面，身体失了支持的重心便跌倒。跌醒了走不多一会子，又模模糊糊的走了。吴处长鸿勋、郑参谋筱秋、孙参谋贤辅、军需王荫乔和几个副官到底是久经训练的人，在大雨深泥里奔走了一夜还是精神奕奕，我暗叫惭愧，怕人笑女子无用，仍振起精神，一同向前走，鞋子已被泥陷掉了，拿草把袜子扎着走，却不怎么滑，只是肚子饿得很没有力气走路。勉强的支持到下午，才买到饭，没有菜，也吃了两大碗，并且很快的吃饱了又走，在蒙蒙细雨里一点也不觉得热，挨晚才到宿松。

原来计划是在宿松休息一天，等到了汽车站，听说敌人已陷潜山，吴处长又招呼大家要连夜赶到湖北黄梅，有

1938年葛冰如《西行记》之手稿

几个团员走疲乏了，不愿再走，说有熟人在这儿的三临中（第三临时中学），几个人找他们去了，便退出了这个军人团体。我只有默然的看着他们去了。他们去后，我们正要出发，忽然听见有嘤嘤啜啜的声音，我向发声的方向看去，一个年纪约莫十五六岁的女孩坐在墙脚下哭，我走到她身边问她是哪里人，哭什么。她不答应，欲哭得更悲切。过了好一会，才抽咽的说：是安庆人，在龙门口小学读书，家里开柴行，没有父亲。母亲听了旁人的话，把她许给川军队里一个司机生，敌人到安庆城外的时候，司机生突然跑去叫她马上跟着走，她舍不得母亲，要求带着一起逃。司机生不准，硬逼着她一个人来到这里，现在那司机生又跟另一个女的去了，女孩子说着又哭起来。我听了心里像有块大石头塞着，问她宿松可有熟人，她说有一个远房的舅舅在店里做伙计，恐怕现在也走了。她听我原住安庆，要跟我一路走，不愿再见那司机的面，我虽怜悯她，但没有力量来救助她，只有送她几枚法币，劝她寻舅父去，我抱着歉歉的心情别了她，不知道她以后究竟怎样了？乱世的人真的不如太平时候的狗，尤其是无识无知的弱女子更可怜！

150

由宿松到黄梅不过八十华里，却整整走了一天一夜，在离开安徽境界的时候，同事们都很高兴，很轻松似的对我们说："好了，出了安徽危险性要少些了！不要着急了！到黄梅便有车子坐。"真谢谢他们的厚意，替我们高兴，可是他们不能了解流亡者的心情。啊，我可爱的故乡安徽，我生长食息的故乡，在这个国势阽危、炮火烛天中离开你，我的心境是怎样呢？别了！我可爱的故乡，哪一年我们再会呢？！（1938年）六月十七日啊！我永远不会忘记你！

手稿《西行记》，以纪实的笔墨，录下了作者流亡行踪，共一个月零八天（1938年6月12日—7月20日），文章给我们描述了国民政府军队弃守徐州，安庆陷落，千军万马争先恐后涌向武汉，数以万计的军民不分水路、陆路，日夜兼程，自发形成了一股杂沓无序的难民潮。可怜的难民，初上路时尚能携老扶幼，一旦枪炮声起，人流乱作一团，唯命难保，自顾不暇，加上饥饿冷雨交加，路漫漫，夜长长，何时能达平安地？亲人离散、背井离乡，斯时同胞危难当头，谁能拯救乡亲父老于水深火热之中？作者的自白，集感慨、悲悯于一稿，读之恻颜：日本侵略者可恨，溃不成军的部队可悲，罹难的老百姓可怜……读罢《西行记》手稿，仿佛昨日抗战烟云重现，"不忘过去，牢记历史"，这是作者以亲身经历留给后人的一段真实文字，细嚼慢咽，你会得到更多的启迪。

修改《丰收之后》前后

张　晶

　　《丰收之后》是1963年山东省话剧团（今称话剧院）参加华东区话剧观摩汇演的剧目，后又进京向周恩来等领导作汇报演出并公演。全国不少省市院团包括戏曲剧团都曾排演或移植，也算风靡一时。

　　此剧是由兰澄创作的《当家人》改编而来，为华东区汇演准备的剧目之一。此外还有已公演的苏耕夫的《卖马计》，高九、李中一等正在酝酿的创作，青岛市话剧团已排了的王命夫的《有这样一家人》以及高思国的《柜台》，都是此次汇演的备选剧目。我的《白杨树下》在《剧本》月刊第4期头条发表后，省话剧团决定排演，省委宣传部出面借调我来团帮助工作。

　　《当家人》初稿，在省文化局和省话剧团的研讨会上都不被看好，但在领导的坚持下还是进了排演场。在南郊宾馆礼堂作内部彩排汇报时，除领导、省市文化界专家学者外，还特别请了在农村基层工作的干部，每人座前一张纸，供填写意见。经事后统计，大部分观者对此剧持否定意见，有的留言还很尖锐，很难听。但撤换却不可能，因为这是当时的省委第一书记谭启龙出题，授意兰澄创作的。大致剧情是，小麦丰收了，余

1963年9月，山东省话剧团演出作者创作的《白杨树下》剧照。（高敏　摄）

粮怎么办？在一个生产大队内引发矛盾，党支部书记赵五婶是"当家人"，正确的代表，坚持把余粮卖给国家，大队长是对立面，保守、狭隘（这是当时农村题材创作的基调），其中还掺和着富裕中农、富农分子的消极抵制和破坏等等，这也是当时"念念不忘阶级斗争"的"定式"。

　　兰澄一改再改，改来改去，或原地踏步，或又回到初始，真难为他了。时间所限，不容再拖，上头指示组织几个作者集中修改，于是我和苏耕夫便被"组织"进来了。但又不是"合作"，因为讲明了参与修改者不署名、不领稿费。苏耕夫头上有"摘帽右派"的紧箍咒，不敢有异议。我当时正应省歌舞团之约改编刘知侠的《红嫂》为歌剧，同时西安电影制片厂编辑

1963年12月，在上海锦江饭店西楼331室，座谈修改《丰收之后》。右起：沈风波、由履新、苏耕夫、王俊洲、王杰、王玉梅、张晶。（高敏 摄）

赵云鹏也要专程来济与我商谈《白杨树下》改编电影事宜，便以此相推脱。省委宣传部副部长严永洁（谭启龙夫人）亲自约谈我，我说我不是在乎名利，兰澄是老同志，如果是郭老、田汉给他改剧本，他会觉得荣耀，我一个无名小卒给他改，不说礼貌，改好改孬不都是得罪他吗。严副部长严肃地说，要你们修改，是启龙同志指示的，是省委决定的，这方面你不必多虑，我们是为山东党山东人民争光；你也不是无名之辈，我在上海看了上影演员剧团的《白杨树下》，我们"省话"演农民肯定要胜过他们，《白杨树下》通过应没问题。我也看了你的另几部作品，你年轻，来自基层，生活底子厚，创作前景更高更广阔，你要听党的话，好好完成这次政治任务。

这不是征求意见，管你愿不愿意，是宣布决定。不是普通改稿，是"政治任务"，没有选择，不能计较，谁敢不听党的话？时下年轻些的读者可能觉得不可思议，抬轿、拉车、打工还要讲讲工价条件呢。咳，这就是历史。

严副部长还特别交待：怎么改，你们不要受原稿限制，只要把握住中心主题——小麦丰收了，余粮要卖给国家，塑造好支部书记，怎么改都行。

眼看推不掉，于是我和苏耕夫商量，五幕戏，他改一、三、五，我改二、四，然后再交换、再统一。创作这事儿，你一旦上了套儿，入了彀，便偷不了懒，耍不了滑，没日没夜，绞尽脑汁，一门心思想改好，或者说把孩子打扮漂亮些——哪怕这孩子是别人的。

苏老兄年近五十，鳏居奉母，手头拮据，吸劣质烟，喝瓜干酒，有时还找我借钱。他的《卖马计》虽演出多场，效果上佳，但非"正面人物"为主，未能去上海参演。无力相助，无言相慰。他历经风摧浪击，已练就心如止水，宠辱不惊，欲求无奢，但内心憋屈，足可感同。可叹熬到花明柳绿时，天不怜才，他竟于1980年代初因病不治，撒手人寰。我们"共患难"了一场，却因信息不畅，未能送他最后一程。随后填《浪淘沙·悼苏耕夫》一阕为奠，愿他在天国安宁，没有忧烦。——此为后话。待到全剧通稿，老苏黯然神伤说，实在支撑不下了，血压又上去了，老娘也不省事，老弟年轻，多劳吧，算是帮我。我听如乱石滚豁，百味杂陈，不能攀他，也难以抚慰，无须向领导报告，只说"行。你放心休息吧"。

这期间还插进来一件事。我原是民办中学教师，学校来信

1963年12月，上海锦江饭店南楼334室，张晶与苏耕夫（左）商量修改《丰收之后》。（高敏 摄）

说，民办中学即将停办，符合条件的教师由教育局审定转正，即成为在编的公办教师另行分配，要我回去办手续。这可是件大事，毕竟挤进体制内可捧铁饭碗。但在这茬口上提出来，领导会以为这是借故卸套罢工。考虑再三，我还是不能拿自己的饭碗儿戏，便向沈风波团长汇报，并出示学校来函。沈风波如长兄般待我，说这是大事，应该提，等我向领导汇报再定。仅隔一天，他找我宣布说，领导决定，你就留在省话剧团工作了，手续随后办理，你放心吧。这个决定的领导是哪级哪位，他未说，我也不好多问。他还说，开始借调你时，便有这个意思，只是没有正式表态决定，我也不便向你透露。我初来报到，沈团长便问我工资的事，民办中学是自筹经费，县里补助一些。我的工资便由话剧团发了，行政科问我月工资数，我说每月42元，他们都愣了，团里刚转正的学员都超过这个数了。我说民办教师工资没标准，就是公社领导一句话。当时所有老师都是40元，我是教导主任，与校长一样外加2元。两个月后，团里行政科长张鸿瑞告诉我，团领导研究决定每月给我加12元驻勤补贴。这个数刚好与大学毕业生实习一年后转正的月工资相当。我没有回去办转正手续，是我太相信"领导"了，当时也没问沈团长，到底是哪级领导表态决定留我（不过从以后的时局发展看，问也没用，领导说的话哪能都算话）。而后来的结果，却是工作落空。

改出一、二幕后，便去宣传部讨论、通过，王众音部长、严副部长，省委农村工作部一位副部长，文化局鲁特局长、肖洪处长、沈团长等参加。《当家人》的"戏剧冲突"是大队书记赵五婶（正确代表）教育大队长，讲政策、摆道理，大队长也有自己的盘算，见面就吵，一吵到底，不拐弯，看一场戏听一晚上吵架，难怪观众坐不住。为了调节节奏、气氛，我让团支部女书记王小梅唱个歌，都说好。于是我在另间办公室即兴写出《东山唱歌西山响》，头段是："东山唱歌西山响，山前山后好风光。满山的花果，无边的麦浪，幸福的歌声随风飘荡。"——大路货，大家说行，就定了。请恽憼作曲，省歌舞团女声演唱，作为主题歌，附在全剧打印稿后。

最后，在宣传部通稿时兰澄也来了，一进门便仰着脸谁也不看，愤愤地说：改稿我看了，百分之八十，不，百分之九十不是我的了，你们把我的剧本糟践成什么样子了？你们还尊重作家吗！兰澄是中国戏剧家协会山东分会副主席，参加了

1962年广州戏剧座谈会，底气很足。突如其来，义愤填膺，全
场都愣了。我年少气盛，不知轻重，恼了：倾尽心血是"糟
践"！刚想发作，邻座的沈团长不动声色地用力把我的手臂压
在沙发扶手上。严副部长坐不住了："兰澄同志"，声音不高
却透出威严，"你冷静点儿！组织修改是省委的决定，是启龙
同志指示。你首先是党员，其次才是个作家，你不要把剧本当
作自己的私产。……"听严副部长这般说，兰澄泄气了，悄然
坐在门旁，从此一言不发。散会时，严副部长把兰澄留下又做
了番工作。不过事后替兰澄想想，招呼不打便将他撇在一边，
确也难忍这口气。在中国青年艺术剧院修改话剧《迎春花》
（根据冯德英同名长篇改编）的翟剑萍回来了，一见面就问我
"合作"得怎么样，我说不是合作，是糟践。他笑笑——内情
当然知道——说：老兰这人就这样，也好，什么都搁在当面。
前些年我们几个合作《一个老红军》，完稿署名，他拍拍我的
肩膀说，老翟，只要我们合作，什么时候我的名字都得写你前
头。看看，你还能说什么。半老革命，行政十三级，人家有资
本——政治。是的，那是个什么都讲政治的年代，连谈恋爱、
找对象都得先问问政治条件。老翟也如兄长般安慰我说，领
导安排的你就好好干吧。别多想，别管兰澄。我说《红嫂》改
编得往后拖了。这事还是他撺掇的，他说歌舞团那边我去和于
团长讲。老翟早于十年前作古，我曾以《七绝·送翟剑萍兄远
行》一首悼别。

　　排练进展顺利。导演王杰、兰瑛偶尔与我在排演场就某个
情节某句台词商讨一下，我做出阐释或做点调整。剧名《当家
人》早被领导废止，大家一议，叫《靠山庄》吧。彩排汇报审查
通过。后传来指示，定名《丰收之后》，据说是谭启龙起的。

领导指示要我写一篇剧评，为掩人耳目，别自己夸自己，要署个笔名，正好长子出生，妻来信要我取名，遂发电以"秋禾"名之，也顺手在文稿上署此。这就是发表在1964年1月1日《解放日报》的对《丰收之后》的首篇评论。

一路"抬轿"到上海，首演过关，功德圆满，该没"轿夫"什么事了吧，不成，还得抬。哪位大领导看完说两句鼓励话，顺便说句意见，便是"精神"，当夜或次晨就要议论如何贯彻，但具体落到剧本修改上，还要我与老苏动笔。有的"精神"让人束手无策，像"党的领导还要加强""党支部的作用再突出些"之类，从何处下手？

这天入夜，电话响了，我接听，对方说"我是老兰，请你到我房间来……"我稍犹豫便按他的指示上了北楼××房间，豪华气派。他很热情，还透着亲切："我们之间有点儿误会……过去的事，我们都不再提了吧。一个作家对自己的作品，好比对孩子，自己打打骂骂行，别人动一指头不行，你也有这种体会吧。这一页翻过去，我们都不要再提，对谁都不要再提了，好吗？你还年轻，很有才华，前途远大，你还不是剧协会员吧，包我身上了，回济南就办。"说完，兰主席从小柜里拿出两条烟：拿去抽吧。当年香烟凭票供应，每人每月六包。但我拒绝了，起身："没别的事我走了，你休息吧。"我边说边拉开房门，仓皇狼狈而逃。我把这事儿也向沈团长汇报了，沈团长笑笑说，给你就要呗。

又让某些人虚惊一场的是，我作为本次有作品参演最年轻的业余作者，接受新华社记者的专访，谈了些生活、工作、创作问题后，他突然问起《丰收之后》的修改，真是"难可奉告"。此剧红了，我辈岂能邀功、借光、分羹，不署名、不要稿费，是

1986年夏，威海创作会上。左起：杨平芳、翟剑萍、张晶、茅茸。

我应诺过的；假使挨了批判，倒可以分担些责任。我只好说，这个问题请采访领导吧。事后我把这事向沈团长汇报，又和苏耕夫说了。老苏说，学雷锋吧——有这样学的吗？这是他唯一一次就修改《丰收之后》的真言吐露。我们算什么呢？搁时下归类，不是慈善，也非公益，说为义工，庶几近之。但在那年代你就该把"我"字扔了。别人扔不扔，不该你管。

　　让我遗憾的还不是这些。上海人民艺术剧院为大会内部演出根据苏联卡切托夫同名小说改编的话剧《叶尔绍夫兄弟》，早就听说有这部戏，不公演，内部演出的观众还有条件限制，团里照顾我，给了一张六排的好票。谁料中饭时接到通知，下午两点严副部长召集会议，傻眼了。严副部长说，昨晚西北局胡（吴）老来看戏了，很多鼓励，还说要他们那里的剧团来学习，排演。他也谈了一点意见，说今晚还要看。我们现在讨论如何落实他的意见，今晚演出要改定。时间紧迫……咳，也就几句话的事儿，和老苏一商量，当着王杰直接告诉王玉梅、王俊洲，怎么说、怎么说，她俩当场对了一遍，好。一看表，赶上谢幕、散场。由履新局长安慰说，上海人艺进京汇报完还要来济南演出。

回济南后，汇报，休整，准备进京，就没我什么事了。

在上海期间开了一次创作会议，地点是中共华东局会议室，宣传部长夏征农主持，柯庆施讲话，石西民又强调重复了一回，中心就是写现实，工农兵英雄人物，后来简化为"大写十三年"。这次会演重点宣传推介的剧目《激流勇进》《丰收之后》《龙江颂》《霓虹灯下的哨兵》等就充分体现了这一点，什么"中间人物"、揭露阴暗面的都靠边了。1963年和1964年，毛泽东对文化部、文艺界两次批示，风声趋紧，形势日左，文艺界的日子更不好过了。而我的工作问题也"黄"了，谁知道形势如何发展，谁愿意多揽事、找麻烦呢？有次碰到严副部长，一脸冷峻，开口便问：你怎么还没回去？我无以回答，心想：我怎么回去？回哪去？得有个说法吧。很快"说法"来了，一纸介绍信打发回乡，说是"深入生话，劳动锻炼"，就在生产队挣工分。两手空空回来，"被弃感"袭上心头，犹如冬天的扇子，"北风其凉，雨雪载途，汝于是时，夷齐饿夫。噫，用之则行，舍之则藏。惟吾与尔有是夫"。这一切让我增长一点见识，加固了一个信念：不轻信。是我一年多收获的全部。

1965年1月，省话剧团行政科长张鸿瑞来信说："日前由省委宣传部转来《丰收之后》稿费贰百元正，注明你和苏耕夫各壹百元正。因不了解你现在的详细地址，特来信探询，请见

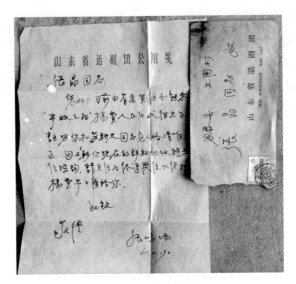

1965年1月，省话剧团张鸿瑞给张晶的信。

信后尽速覆信，以便早日将稿费汇给你。……"我没有回信，傻瓜式坚守当初答应修改《丰收之后》时的承诺：不署名、不要稿费。（我还在济南时就听他们说过，《丰收之后》光"演出提成"就达数万了。当时中央有文件规定专业剧团营业演出的剧目，要付给剧本作者"总票房"的千分之三。若有所图，在济南时闹闹，肯定比这多也）我想要主事者与省话剧团的同行知道，张某人说话算话。更不眼红这稿费。

你还年轻，27岁，怕什么呢。你以后还写不出这样的剧本吗！仰天大笑出门去，我辈"恰"是蓬蒿人。

时间过滤、沉淀着人生。回望52年前尘，人事迁异，难料至今。知情无多，友朋劝勉鼓动一再，藉慰故旧，遂实录如上，只在存真，罔计其他。

给梅兰芳先生献花

赵伟力

在我十四岁那年，有一件事使我终生难忘。

那一年我上初二，有一天上午，我们刚刚下了第四节课，班主任马老师就把我和另外两个女同学叫到办公室，说："今天有个重要的任务要你们完成，就是在今天晚上给梅兰芳先生献花。"我们听了高兴地跳了起来。

当天下午，我们就去马老师家化妆，马老师用她的火烫发钳给我们卷了刘海和长发，还给我们抹了口红和胭脂。我们都穿上了自己最漂亮的衣裳，等待梅先生的到来。

晚上六点多，老师带我们到义井电影院，把我们安排在第一排靠右的位置。七点整，演出开始了，第一个折子戏是《贵妃醉酒》。梅先生一出场就把我惊呆了，他的扮相是那么妩媚多姿，他的眼神是那么顾盼多情。由于当时年纪还小，听不懂京剧咿咿呀呀唱得是什么，历史知识也知之甚少。只记得在《贵妃醉酒》中年近六旬的梅先生能把软腰下到90度，观众拼命地鼓掌。第二个折子戏是《白蛇传》中的《断桥》，扮演白蛇的是梅先生，他穿一袭白衣，飘逸而灵秀，扮演青蛇的是梅先生的儿子梅葆玖。第三个折子戏是一段《宇宙锋》，我就更

看不懂，坐在椅子上睡着了。马老师说："你们要是困了，就
到外面清醒清醒头脑。"我们三个听了撒腿就往外面跑，一直
玩到快演完时才被马老师叫回来。当时梅先生正在演《天女散
花》，手拿着一个拂尘，很优雅脱俗的样子。现在想起来也真
可惜，那么好的戏，我竟然跑到外面玩去了。

四个折子戏都演完了，梅先生和两个主要演员到前台谢幕。在经久不息的掌声中，我们上台给梅先生和另外两个主演献了花。因为我是给梅先生献的花，所以另两个主演只记得其中一位好像是梅葆玖，另一位是谁就想不起来了。

　　献完花我们本以为就没事，可以回家睡觉了。可马老师说，你们还得把梅先生送走。于是我们就站在后台等待梅先生卸妆，大约半个小时以后，梅先生卸完妆出来了，他穿一身黑色西服，分头梳得一丝不苟。老师安排我送梅先生往外走，他一边走一边和蔼可亲地握着我的手问："你几岁了？上几年级？"他的声音很柔很细，他的手是那么绵软，使我感到很温暖。我抬起头来看着他说："我今年十四岁，上初二。"他笑笑说："好孩子，你长大了想干什么？"因为我当时刚看了电影《女篮五号》，对女篮五号佩服得五体投地，而且我还是校队的主力前锋，就不假思索地说："当篮球运动员。"梅先生拍拍我的头说："女孩子长这么高，是块打球的料。"很快我就陪梅先生走出义井电影院，哇！外面人山人海的，把电影院外面的小广场和马路挤了个水泄不通，真想不到外面还有这么多人！记得那时候每张票是两块钱，要搁在今天会是多少钱呢？因为义井电影院太小，容不下太多人，所以许多人只能等在外面以求一睹梅先生的风姿。我们在人流的簇拥中把梅先生送上一辆黑色轿车，并与梅先生握别。

　　一转眼五十多年过去了，梅先生的音容笑貌，一直留在我的记忆中。长大以后渐渐了解到梅先生的人品气节，更增加了对梅先生的敬重和怀念。

一张布满时代印痕的照片

谭安利

　　1966年，由毛泽东亲自发动和领导的"无产阶级文化大革命"席卷了神州大地，与这场运动相伴始终的，是对毛泽东的崇拜逐步升级。5月18日林彪发表讲话，称"毛主席是天才，毛主席的话句句是真理，一句超过我们一万句"，自此掀起个人崇拜的热潮。

　　从百万红卫兵在天安门广场呼喊"毛主席万岁"口号的经久不息，到全国城乡墙壁上出现写满"最高指示"的红海洋；从毛主席语录"红宝书"人手一册时刻不离手，到毛主席像章越做越精致，越做越大，人人竞相佩戴和收藏；还有普遍流行的"天天读"、"早请示晚汇报"、群众大唱语录歌，都是"无限崇拜"的具体表现。

　　到了1968年，各省、市、自治区都全面夺权成立了革命委员会，实现了"全国山河一片红"。当年10月31日中国共产党第八届扩大的十二中全会闭幕时，宣布"波澜壮阔的无产阶级文化大革命，已经取得了伟大的、决定性的胜利"，全会批准了《关于叛徒、内奸、工贼刘少奇罪行的审查报告》，"一致通过决议：把刘少奇永远开除出党"（据说唯有陈少敏一人没

有举手）。毛主席的威望至高无上，一个围绕"三忠于四无限"展开的向毛主席"献忠心"的活动，狂起于大江南北，一种表达忠心的新形式——大跳"忠字舞"，曾经风行于全国城乡各地。

这是一张1968年12月摄于湖南衡阳建湘柴油机厂材料仓库前的老照片，笔者（二排右一）当年任职的该厂供销部门，是材料仓库的主管单位。仓库的职工有保管工、下料工、搬运工，都是比我年长的老工人。那年12月我出差回来，几乎每天早晚都到仓库和工友们一起学习、一起跳"忠字舞"。在全厂召开的向伟大领袖毛主席献忠心大会上，我和他们一起上台集体背诵"老三篇"，跳"忠字舞"，受到好评。

这张照片记录了我们跳"忠字舞"的瞬间。你看，纯朴的工友们手捧红宝书，胸前佩戴毛主席像章，唱着《北京的金山上》，步调一致地跳得多么认真！一个个脸上都显得十分虔诚。我国企业职工从1963年至1979年十六年没有增加工资，为世界罕见，那时大家都在过穷日子。照片中不少人穿着打补丁的衣服，却洋溢着快乐的神情。背景的墙上，有"最热烈欢呼党的八届扩大的十二中全会公报的发表"的横幅，有"革命委员会好""毛主席万岁"等标语。这一切都留下了不能忘怀、令人反思的时代的印痕。

· 书讯 ·

定价：52.00元

书在哪，法是个啥
——对话：以书法为轴

于明诠 著

山东画报出版社　2015年11月出版

本书是书法家于明诠与欧阳江河、朱新建、赵雪松、柳原等书法家、画家的对谈录，涉及书法创作的思考、传统艺术的继承、书法美学教学、流行书风等话题。

穿梭喜马拉雅山的采访

李荣欣

　　三十多年前，我和《解放军报》的三位记者，在"世界屋脊"西藏高原边防曾有一次难忘的采访。

　　那是1984年国庆节后的一天，在拉萨我正做着回内地休假的准备，突然隔壁办公室的电话响了起来。我拿起话筒，原来是军区路晨副政委打来的。他在电话里告诉我，《解放军报》的王文杰、季桂林、何家生三位记者明天上午坐飞机进藏采访，要我做好准备，陪他们近日内下部队。他让我明天下午到他办公室，同他们接头。

　　那时，西藏部队干部规定是工作一年半，休一次假，假期3个月。因为这是1983年春天，我从日喀则军分区政治部宣传科，调到西藏军区政治部负责组建《战旗报》驻藏记者站，并开展工作一年多后的首次回内地休假，心情比较迫切。接到路副政委要我陪《解放军报》记者下部队的电话，我犹豫了一下，正想打退堂鼓，又一想，自己是懵懵懂懂走上新闻写作之路，又是懵懵懂懂当上记者的，为了有大的提高，很盼望有人指点。《解放军报》的记者在新闻报道方面都是很了得的，部队最权威的报纸的记者进藏，能同他们一起采访、一起写稿，和他们一块儿下部队，正好是自己向他们学习的好机会，因此，我就答应了下来。

第二天下午，我去到了路副政委的办公室，军报的三位记者，正在那里听他介绍西藏的情况。我们互致问候后，我问他们："你们为什么要赶在这冰天雪地的时候进藏？"他们说："有政协委员和人大代表向中央反映，说西藏高原部队在保卫边疆帮助地方建设方面，有很多可歌可泣的英雄事迹，领导就抽调我们进藏作一次全面报道。西藏的冬天是难过，可你们长年累月在高原都不怕，我们这么短时间，又能咋着！"接着，他们又说："西藏哪个地方的部队最艰苦，我们这次就去哪儿采访。"我对他们说："珠峰脚下海拔5000多米的'高原红色边防队'查果拉，艰苦上和新疆部队的'神仙湾'齐名。"我还告诉他们，我在日喀则军分区待过几年，对那里的情况比较了解，对那里边防一线部队的人也相熟一些。他们听了我的介绍，就急不可耐地说，明天咱们就去日喀则。路副政委听后，哈哈笑了笑说："你们刚下飞机，连高原反应还没有开始，不能走，至少要在军区歇三四天，等不那么头痛心慌了，才能下部队。"

说是让文杰、桂林、家生他们三位在拉萨适应几天，可为了这次采访成功，第二天，尽管他们已经有了强烈的高原反应，但都不愿老老实实在屋里待着。家生是带队的，他们俩在家生的带领下，跑书店买资料，去机关查地图，上街观风情，一忙就是大半天。由于缺氧和寒冷，他们不住地喘气和咳嗽，但谁也不言苦。我让他们休息，有啥事我去办。他们说啥也不愿麻烦我，事必躬亲。

军报这三位记者，一开始，就给我留下了好印象。

军报的三位记者王文杰、季桂林、何家生等西藏采访途中野餐。

扎寺开眼界

路晨副政委要军报的三位记者在拉萨适应一星期，可只过了两天，他们就不干了。第三天一大早，我们就乘坐着一辆跑风漏气的北京212吉普车，翻山越岭，涉江渡河，向后藏重镇日喀则进发了。

路险车颠，寒风飕飕，加上缺氧，这几个几乎跑遍全国的好汉，有两个就顶不住了。他们嚷嚷着头痛胸闷，不时地让司机停车，手捂肚子，头伸窗外，呕啊、喘啊，连美丽的羊卓雍湖都没心思看。路途还很遥远，刚开始就这样，那得啥时候才能到目的地？为了分散他们的注意力，减轻痛苦，我说："给你们讲讲日喀则的故事吧。"

讲故事，果然奏效，路途中他们三位再也没有出现大的高原反应和不适。到日喀则时，在隆隆的发电机声中，分区机关已开始上灯。由于事前军区已有电话打过来，所以分区已给我们准备好晚饭。在分区领导的陪伴下，人马劳顿的我们草草吃了些饭，就要回宿舍休息。分区司令员对我说："你是咱自家人，这里你熟，不派别人了，今晚好好休息，明天我派车送你们去扎寺，你陪着北京来的他们三位好好转转，再说下部队。"

第二天上午，我们去了扎寺。那时候，扎寺对外开放，而且不收门票，藏族老百姓随便进出，其他人员要单位证明。

进入扎寺，我引领他们直奔三层楼房高的强巴佛大殿。这尊生动、形象、威风的铜佛，其高大、精美，让他们三位叹为观止。接着，我又引领他们来到大经堂。这个可容纳2000多人、耗时十二载竣工的班禅和众喇嘛辩经之处，其金碧辉煌可想而知。他们说："做梦也不会想到，苍凉的雪域高原的崇山峻岭中，伏卧着如此绝尘之处，真让人开眼界。"

我笑着对他们说："好戏还在后面，我们往前走吧。"

我们驻足时间最长的，要算是汉佛堂楼上了。这里供奉着乾隆皇帝的巨幅画像，是故宫原作。画像前侧立有"道光皇帝万岁万岁万万岁"的牌位。这个佛堂是七世班禅时建造的。从供奉皇帝牌位这件事，就足以说明当时藏地对清朝的隶属关系，更证明中华各民族同胞骨肉情之源远流长。

走马观花中，我已感到时候不早了，抬腕一看表，十一点半，该回分区吃饭了。那时候日喀则街上还没有饭馆，到镇上我的藏族朋友那里去吧，他们又喝不惯酥油茶，吃不惯糌粑，只能回分区吃饭。我引领着他们，三拐两转，来到大佛堂旁边的一个天井院，这里离出扎寺的大门不远。他们三位中，文杰是古碑癖好者。他瞅见左边有一座穿靴戴帽的石碑，不少人在围着顶礼膜拜，便疾趋前往。我们虽无此雅兴，但为了顾全大局，只得尾随。这通石碑上有一手印，喇嘛说是"佛手"。从碑身上方被摩挲得明光闪亮，下端紧贴着一索一索的酥油、糌粑、钱币等，碑前还点燃着撮撮藏香，可以证明善男信女对它是十分敬仰和崇信的。

逢夏尔巴牛节

这天吃过晚饭，我们就做去边防一线采访的准备。他们问我先去哪里，我告诉他们："世界最高峰珠穆朗玛峰的附近有三条沟：吉隆沟、樟木沟和亚东沟，都值得去，吉隆沟雪封山，去不了，咱先去樟木吧，那里是个口岸，海拔低，亚热带气候，住有夏尔巴人，值得去看看。再说沿途还可以观看珠峰。"他们三位就说："好，咱明天就去樟木沟。"

我们是凌晨4点从日喀则出发的，中午在路边吃了点干粮，接着赶路。路过珠峰时，我们停车观看了一会儿。由于我们所处的地势海拔已经很高，站在这里看珠峰，珠峰显得就不是很高了。文杰说："看来世界第一峰也不高嘛！"我说："是咱站的地方海拔太高了和离得太远了，就衬得珠峰不高了。"到了珠峰附近的那段路，大家的高原反应就厉害了，没敢多停，我们就又上路了。

一路上看到的、走过的都是冰山雪岭，没想到过聂拉木县城，进入樟木沟后，海拔降低了，气候湿润了，氧气增多了，我们也不感到胸闷头痛耳鸣了。这时，公路两边的荒山秃岭，变成了树木杂陈、青山绿水、鸟语花香的"森林公园"。也许是氧气充足的原因，刚才还嗡嗡着跑不起来的吉普车，又加上是下坡，这会儿它却飞也似的跑了起来。吉普车在半山腰的山崖上开凿的公路上疾驰，一会儿钻山洞，一会儿涉溪流，一会儿穿水帘，一会儿躲瀑布，一会儿过林莽……尽管由于路险，我们个个提心吊胆的，但还是经不住车窗外美景的诱惑，时不时把头伸出窗外观看。他们三位说，这是他们走过的最险的路，也是见过的两旁风景最美的路。司机小王告诉他们，这段路是铁道兵修筑的，当时牺牲了不少人，但这还不算西藏最险的公路。

当晚，我们就住到了樟木边防连。因为这个连队住房紧张，没有空房，我们就只得拣站岗的战士腾出的床铺睡觉，就这，我们也是一晚上换一个地方。

樟木这里几乎没有平地，房子都建造在山坡上，房前没有院子，出门就上坡或下坡。一条公路曲里拐弯地把一个个单位串连起来。连队要出操，要列队，要军训，要娱乐……没有院坝哪成？在没有其他办法的情况下，连队只得挖去半边山，又垒垒砌砌、填填垫垫、平平整整，弄出了个半拉球场，安上球篮，供大家活动。就这，每次打球时，球场的边沿还要站有"站岗放哨"的，否则，球一旦落下山涧，光派人下去拣，就得大半天。

樟木这里的气候是不错的，一年四季如春，不缺氧，不高寒，不干燥。是西藏高原一处"藏在深闺中"的宝地。人们能经常吃上尼泊尔背夫从尼泊尔背运过来的青菜，不像日喀则军分区的其他大多数边防连队，终日要吃内地供应来的脱水菜

（干菜）。这里因不缺氧，战士们的嘴唇也不发青，脸蛋也没有强紫外线灼烧出来的红斑，指甲也没有其他地方的战士那样个个翘得像小船。但是，这里也有别的难处。除了活动场地小，这里蚂蟥太多，树木上、草棵上、岩石上，到处都蛰伏着蚂蟥。这些蚂蟥的颜色和杂草一样，而且在没叮咬人畜前，奇小，像断针，极难发现。一旦有人畜经过，他们就群起而攻之。而且往往是它附着在你身上，吸饱鲜血，身体变得拇指粗，且伤口血流不止的时候，你才能发现它。连队的干部和士兵，每次勘界巡逻，都把身体的各个部位，包裹得严严实实，就是这样，蚂蟥不知什么时候就钻到你的肉里了，直到鲜血染红军衣才发现。

到达樟木的第二天下午，我们走过海关，去到了连接中（国）、尼（泊尔）的友谊桥头，隔着河观看了对岸的尼泊尔。当时，由于被洪水冲毁的友谊桥正在修复，来往车辆很少，双方的贸易，全靠尼泊尔背夫，把货物从河那边背到河这边，再从河这边背到河那边。河岸立陡立陡的，加上河水湍急，临时搭的便桥，又只是几根树桩，踩上去摇摇晃晃的，令人头晕眼花，没有十分的胆量和技巧，是不敢踏上半步的。尼泊尔男女背夫，汗流浃背中，用前额撑着背带，背上背着小山似的大包小囊，在危险的河谷中，背对激浪滚滚的河流，艰难地攀援着、蠕动着，稍有不慎，就会被激流卷走。面对他们，真让人心悸。

第三天上午，吃了早饭，我们又穿过海关，去了夏尔巴人聚居的立新村。从这时髦的称谓上，你可以知道，这是解放后在"金珠玛"（解放军）帮助下，才出现在我国版图上的一个村子。立新村住着几百口夏尔巴人（现在还没有被国家认定为一个民族）。夏尔巴人极善攀援，吃苦耐劳。近年来，随着口岸的建立和开放，夏尔巴人有不少亦农亦商，过上了富裕的生活。

夏尔巴人几乎没有自己的节日，倒是受尼泊尔人的影响有个别致的牛节。

我同他们三位来到立新村时，恰逢夏尔巴人过牛节。只见他们在村旁刚收获过的玉米地里，搭起座座竹笆棚，把牛白天放在竹棚周围的土地上，晚上笼在竹棚内。牛头上插着鲜花，牛犄角上结扎着红布条，把牛打扮得花里胡哨，十分漂亮。

夏尔巴人的牛节并不固定在某一日，而是在秋收后农闲的

同夏尔巴人合影。

一段时间里。牛节达到高潮时，夏尔巴人倾家而出，与牛住在一起，箪食壶浆，喝得酩酊大醉后，就围着篝火唱啊，跳啊，热闹得不亦乐乎。

登上"天哨"查果拉

那天上午，我们在樟木边防连吃过早饭，又准备了一些干粮，就告别连队的干部战士，向亚东方向进发了。

因这条路是急就路，大部分地段都在海拔4000多米的无人区，我们的车子跑了一百多公里，一路上也没有碰到另外的车辆。有的地方是一片空旷的荒滩，除了两条车辙外，漫无边际，看不出公路的痕迹。车辆到了这里，司机原本可以撒野，不虑撞到人和物，不过由于海拔高，缺氧，汽车到这里反而跑不起来了。走到这个大荒滩的腹地，由于躲沼泽，我们迷了路，车开出去十多公里，我觉着方向不对，就叫司机小王停了车。他下车后对着车辙仔细地端详了一会儿，确认是走错了方向，我们立马调转车头往回赶。折腾了半天才找到要走的路。他们三位说："这哪是路哟，简直是迷魂阵！"

由于路上不顺利，我们赶到岗巴边防营时，已经是下午了。迎候我们的金营长说："樟木发来电报，我们就做好准备了，左等右等不见你来，又无法联系，可把我们急坏了。赶紧洗涮洗涮吃饭吧。住处什么的都给你们准备好了。饭后早点休息。"那时，西藏的通信很落后，部队的通信也好不到哪去。一旦分手，不到下次见面，你是很难知道对方消息的；干部战士，半年才能收到一封家信，有很多人，孩子都会喊爸爸了，还不知孩子长得啥样，亲人的坟头青草萋萋了，才知道家中有人过世。

金营长告诉我们："军报的记者，还没有谁来过岗巴，你们破了天荒。"岗巴这里海拔高，是青藏高原的高原、世界屋脊的屋脊，气候恶劣，连树木都栽不活，一般人到这里都受不了，所以，很少有人光顾。岗巴营的干部战士，不像樟木边防连那样，对外人、记者司空见惯，他们鲜见外人，更别说记者了，所以，他们对我们的到来很热情，倾其所有招待我们。他们把舍不得吃的水果罐头、奶粉、水果糖都拿出来，让我们享用。金营长还送给我们每人一只巧手战士编制的牦牛尾拂尘和一个七星打火机。这两样东西，那时在西藏部队是最有人情味的礼品。

吃过晚饭，不知谁说："我们光跑路也不是事儿，得往家发一些稿子。"大家说："对头。"当下，大家达成共识：每天利用军报要闻版开辟的"鸡毛信"专栏发一篇稿子，每天下午或晚上，利用电话传。马上我们就拉开阵势，由桂林执笔，先报道西藏军区如火如荼的边防建设。我们大家你一言他一语的凑。为出彩，一个导语大家也争得不亦乐乎……

有时候，愿望和实际总是有差距的。当我们拿着稿件，找到金营长，说明我们的意图时，他为难地说："这里往北京的电话，从来没有打通过，我领你们到通信班试试。"到了那里一试，果然不行。接线员怎么要，都是到拉萨就卡壳，老是说北京的线路不通。难道就让第一枪这么瞎火？这时候，文杰说："你把拉萨要出来，我告诉他们咋办。"接线员听了他的话，就把拉萨要了出来。文杰在电话里告诉女话务员，我们是军报的记者，现在在边防，有重要稿件往报社发，无论怎么都要想法接通。话务员试了试，还是接不通，说通麦那儿线断了。这时，文杰对她说："你把兰州要出来，再让他们要北京。"嘿！还真行，十来分钟后，迂回着终于接通了军报，就是杂音大，需要大声讲话。军报值班员一听他们这是在西藏边防上打电话发稿子，就格外认真。由于通话质量太差，文杰把这不足500字的稿件传完，嗓子都喊哑了。但是，大家很高兴，觉得工夫没白费，是个好开端。

第二天上午，我们就向"高原红色边防队"查果拉进发了。查果拉是岗巴营的防区，离岗巴营营部有几十公里，由于有人带队，我们很快就来到了。人们形容这里是"来到查果拉，伸手把天抓"。在哨位旁，我们看到牌子上标注的海拔是5380米。"拉"翻译成汉语是山口的意思，山口的海拔都这么高，可想而知山口两边的山有多高了！这里的空气含氧量不到内地的一半，由于缺氧、海拔高，大家终天感觉轻飘飘的。战士戏称哨所为"天哨"，就是在天上放哨的意思。哨兵告诉我们，对面的两座雪山，都在海拔8000米以上。战壕的边上树着用红油漆书写的"长期建藏，边疆为家"的口号。从哨卡往远处看是苍苍茫茫的戈壁一样的漫山坡。在上查果拉的路上，我们看到了散落在荒原上的白森森的牲畜的骨架，是倒毙的牦牛或骡马的尸肉被老鹰啄食后的遗留。家生说："老李呀，我真体会到你们在西藏的不容易，你们做出的牺牲太大了。"哨卡设在山坡上，连队住在活动房和棉帐篷里。一首歌词这样写道："雪山顶上有个查果拉，查果拉山高风雪大，山上自古无人家……"指战员们一年四季脱不下棉装，吃的是脱水菜，喝的是冰雪水，离不开牛粪火炉。哨卡处于风口，一年四季这里只有冬季，而且每到下午就会刮起阵阵风雪或下起冰雹，使人们产生强烈的高山反应，头疼得像要爆炸似的，就这样，我们的钢铁战士们仍坚持在风雪中站岗放哨，保卫着祖国。1965年中央军委授予查果拉哨所"高原红色边防队"荣誉称号。我们问站岗的战士，苦不苦。他扬起被晒得赤红的脸，眯眯充满血丝的眼睛，笑了笑，告诉我们，最艰苦的活儿是到附近的湖中取冰化水，因为背冰块经常会把好端端的罩衣划破，身上碰伤；最惬意的活儿就是到附近的草原上拣牛粪，因为这时没有领导跟随可以对天高声大喊，打发寂寞。

乃堆拉观"景"

我们告别了查果拉哨卡后，吉普车一路下坡，顺着一条山沟，向亚东方向前进。

"高原红色边防队"离亚东只有不足百公里，且路况很好，我们很快就到了亚东，去了边防某团团部。团长白万年在团部的院坝里迎候了我们。

亚东这里的气候和樟木差不多，很适合人居，而且远比樟木开阔。沿亚东河两岸沃野片片，房屋毗连，有居民上万口。中（国）印（度）交好时，这里是两国的通商口岸，商贾云集，车水马龙，亚东县政府所在的下司马镇，街面非常繁华、非常繁荣，素有"小上海"之称。这里又是西藏高原一方"藏在深闺中"的宝地。

第二天上午，吃过早饭，我们就乘坐两台"山猫"（边防部队专用进口越野车），在白团长的率领下，一前一后向乃堆拉进发了。汽车走过村庄，越过河流，穿过林莽，绕过庙宇……在山麓蜿蜒的公路上行驶，一路风光美不胜收，令人目不暇接。给我们开车的小司机说："现在不是亚东最好的季

作者樟木海关留影。

节，你们要是春天来，满山遍野的杜鹃花，才叫美呢！"

　　"山猫"经过一个多小时的行驶，来到了乃堆拉山口。哨卡的魏指导员及部分官兵，站在哨所旁拍手欢迎我们到来。我们在连部稍事休息后，就在白团长、魏指导员的带领下，爬高下低地到班排参观内务。这个哨所，也是先进单位，经常要接待从军委到分区的来人，战士们很懂礼貌。他们的内务也很整洁，被褥也很干净，折叠得很规范，不亚于内地的部队。爱好和平、爱好生活的战士们用罐头筒、旧木箱、破脸盆，甚至破口缸等，填上从山下背来的泥土，种上了吊金钟花和青青的麦芽，给艰苦的环境增添了绿色。接下来，我们又参观哨所分散在各处、官兵们过去居住的地窨子和猫耳洞。在一个大点的地窨子的门口写着这样的对联"冬居水晶宫，夏住水帘洞"，这确实是过去哨所居住环境的写照。我曾在离乃堆拉不远的卓拉山口待过8个月，卓拉和乃堆拉大同小异。这两个山口，海拔都在4000米以上，一年有一半时间因大雪封山与世隔绝。由于地处印度洋和青藏高原热冷气流交汇处，就是风和日丽的夏天，这里也是终日云遮雾罩。由于气压低，煮不熟饭，大家每天吃夹生的大米饭和扎嘴的干菜。因缺少维生素和缺氧，大家的指甲都翘得像小勺一样。

这一切活动进行完毕后，魏指导员领着我们到界墙旁，对对面的哨所和印军官兵进行了观望。据说，这里是世界上两军相距最近的哨所，双方的哨位相距只有27米多，双方的活动，尽收眼底。近些年，双方的部队开始交好，这边给那边递香烟，那边给这边递香烟什么的，时有发生，有时候，双方人员还站在界墙旁，用手比划着交流。

在界墙旁观望了一会儿后，魏指导员说："咱们进哨所看看。"他领着我们。登上了一层楼高的哨所。在哨位上，我们用高倍军用望远镜，对印军方向和锡金首府甘托克，进行了瞭望。由于有雾，甘托克影影绰绰的，附近的公路倒是看得清清楚楚，有不少穿藏装的男女，在维护公路。

访僜人新村

在拉萨休整了几天，我们又决定沿着喜马拉雅山脉往东走，去林芝和察隅。因为军报的他们三位，在军区听人说这两个地方是西藏高原的"江南"，特别是这两个地方的军民关系，在西藏高原首屈一指，值得报道。

那天上午，我们乘坐着那辆北京212吉普车，顺着川藏公路向藏东南进发了。拉萨到林芝的路况，要比后藏好，车行得快，人高兴。我对他们说："你们不要高兴得太早了，林芝到察隅能不能去，现在还难说。"他们问："为什么？"我说："通麦那儿老塌方，公路经常堵。"文杰说："要是塌方的话，我走过去，再搭便车去！察隅非得去看看不可。"我说："愿老天保佑，让我们顺利过去吧。"

在林芝部队上下进行了两天的采访，我们就又向察隅方向进发了。部队孙副政委告诉我们："通麦那里刚通车，你们的运气真不错。"

从林芝到察隅这段公路，是整个川藏公路最危险的路段。由于这段路雨水多、塌方多、泥石流多，路况同拉萨到林芝的差老鼻子了。有很多时候我们的吉普车是在乱石堆、稀泥滩中行走的，趔趔趄趄，根本就走不快。尤其是通麦刚塌过方的那段，车是在乱石堆上跳动着走的，旁边就是湍急的大江，稍有不慎就会车毁人亡。司机小王怕出意外，让我们下了车，走过这里后再上车。由于车走得慢，一天走了不足两百公里，天就黑了，我们只得住进了路边的兵站里，顺便对兵站官兵进行了采访。

第二天中午，我们在川藏路边吃了点干粮，就往察隅方向进发了。察隅也是一条像亚东一样的大山沟，不过海拔更低，气候更好。车子越往下走，天气越热。热得我们脱去了皮大衣，接着又脱去了棉衣，在路旁休息时，我们竟听到有秋蝉吱啦啦啦地在叫，时令已经是11月中旬的冬季，这么热在内地也是不多见的。他们三位兴奋地说："这真是一方宝地啊！"

在四季温暖、气候宜人的察隅沟，除了藏民外，还生活着一个特殊的族群僜人。僜人旧社会一直过着原始状态的刀耕火种的日子，他们依树而居或穴居山洞，人民政府在六十年代，把他们从深山中接了出来，解放军给他们盖了房屋，建了新村，教他们男耕女织，开始与现代文明接轨。我们到僜人新村时，几乎看不到他们过去原始状态生活的痕迹，生活和别的地方的藏族同胞已没有什么两样。僜人还没有被国家认定为是一个民族，由于他们属于特殊的群体，政府对他们格外关照，使他们的生活在某些方面还要优于当地的藏族。

到僜人新村后，我们先去了村长的家，村长很精明很能干，说一口流利的汉话。他的妻子也很精明很能干，也说得一口流利的汉话，所以我们的交谈不需要翻译。僜人尽管与现代文明社会接轨晚，但他们那份爱国热情令人感动。我们采访结束离开僜人新村时，有不少的男女把我们送到用栅栏挡着的村口，流着眼泪对我们说："你们回到北京后，千万要给邓小平说说，这个地方可不能让外国人占去了，过去他们来过，我们才躲进了深山。"听了僜人同胞们的这番话语，使我们对"祖国"一词，有了刻骨铭心的理解。

在谈这次采访的体会时，他们三位说："西藏高原风光的美丽，出乎意料；西藏部队生活的艰苦，出乎意料；西藏各民族的爱国热情，出乎意料。"

我看《老照片》

胡启江

我本是一个搞建筑工程的技术人员，按文理分科属于理科人员，但我对文史又很感兴趣，业余时间的最大爱好是眼不离书，手不离笔，所看过的书都画有杠杠（重要段落）写有批语，家中藏书近万册。其中就有《老照片》。

《老照片》之所以为我特别珍重，是因为它是一本不同于其他读物而面向全国老、中、青读者，特别是中老年读者的书刊。老年人通常喜欢怀旧，只要一看到是记叙20年前发生过的无论是国家大事或民风习俗的个人小事，都能吸住他们的眼球。

例如第二辑中有篇有关"凌迟"处死人犯的详细介绍。比之我在《辞海》（1979年版缩印本）里查到的注释详尽多了。原来这一酷刑在中华大地源远流长，从公元550年的北齐王朝正式颁发入律，直到清朝光绪三十一年（1905）在西方列强英、日、美、葡四国的"建议"（实为干预）下才被废止。

再如第七十六辑《永远的南中国海》一文使我对当前的有关南中国海岛屿海域纷争的来龙去脉有了更加形象的了解。收回南海诸岛及其海域是抗战胜利后国民政府根据《开罗宣言》及《波茨坦公告》的精神正式派军舰护送有关人员勘测疆界立石碑为据收回的，有无可争议的合法性与正当性。

纵观已出版的《老照片》，给我的印象与一般书刊不同的特点是：

一、它是一本与有关照片相联系的图文并茂的读物。各篇文章都围绕着有关照片夹叙夹议，给读者以深刻的印象。

二、因所登照片来自五湖四海，既有来自官方历史档案馆的，也有来自民间普通老百姓的，其内容大到各历史时期有关国家内政外交的重大历史事件，小到百姓人家个人生活某个历史时期的镜头再现。一册在手，回味无穷。

三、它的作者除一些专职投稿人外，还有为数不少的热心读者，他们积极响应"征稿"启示的要求，踊跃投稿，把《老照片》视为"自己"的园地，倍加珍惜。本人才粗学浅，也在《老照片》里发表了几篇拙文，尤其是在第八十五辑上发表了怀念我的母亲《忆母亲》一文，了却了我对慈母的悼念之情。

四、我对《老照片》的每辑文章都从头到尾地看，有的还推荐给文友看并议论一番。尤其是每辑的"书末感言"，文虽不长，却是全书点睛之笔。看后再回头重看其点评的文章，感受往往又有升华。

五、《老照片》是改革开放后的一朵鲜花。在互联网普及、生存竞争激烈、贪欲之风盛行的当下，好读业外文史类书籍的人越来越少，不少书刊订户数量锐减以致难以为继，《老照片》与其少量优秀读物如《炎黄春秋》《同舟共进》等还拥有众多读者，实属难能可贵。

总之，作为一名《老照片》的普通读者尽管已近耄耋之年，我还将继续订阅下去，值此贵刊发行一百辑喜庆之期，不计才疏学浅，响应"我与《老照片》"征文，祝愿我们的《老照片》越办越好。

干嘛要拍照

任 静

朋友弄了个摄影网站，一群同好之人，在那儿晒照片，晒美文，晒光阴，也晒心情，倒是个风雅的去处。

课堂上，我对我的男生说："一个男孩会点摄影，知识面再广点，追女生会很容易。"我对女生说："女孩子一定要趁年轻，多照相呀。这个时候再丑的照片，老了的时候看，都是美的。"

我不擅长摄影，但是我收藏最全的一种读物，却是山东画报出版社的《老照片》。怀旧是一种美好的情感，从一张张老照片里，看故时风物，旧事重温，看一些重大历史事件的写真，我会感慨，照相术真是一个了不起的发明，它能使一段段历史定格，成为永恒而真实的瞬间。每一张有意义的照片后面，会有那么多的故事。

我一直很愿意摆成各种姿势被别人拍，自己却懒得学光与影的技术，每到旅游景点，看见人们长枪短炮地忙乎着，我包里的傻瓜相机实在羞于拿出来。好吧，你们用相机拍摄风景，我用脑子记下风景。不过记忆和照片相比，还是有欠缺的，那些曾经经历过的画面除了自己在脑海中清晰可见之外，别人却是看不见的。

张爱玲说过一句话：年轻时候，拍下许多照片，一本本摆在客厅给别人看；等到老了，方才明白照片是拍给自己看的。

厚厚的一生的"镜头"摆在眼前，连写回忆录都省下了。

现在，连相册也省了。这个大数据时代，我眼见着每个人都成了摄影师。每天就着微信朋友圈，我欣赏着美女们的自拍照，吃货们舌尖上的饕餮，出门在外的朋友们一路上的旅行播报。

架不住这个人人都是手机摄影家的潮流，我也变得神经质，动不动就会掏出手机，拍下点什么。不过都没发到朋友圈，而是留着自己看了。因为我是凡事都比别人慢半拍的人。这里边拿着手机拍照，边招呼全家到窗前看久违的美丽晚霞，顺带着教女儿两句"朝霞不出门，晚霞行千里"之类的谚语，那边微信里，好朋友已经晒出了晚霞的照片，我直感叹我们的默契。我喜欢花，也用手机拍下了每一种花开，不过打开微信，满眼皆是看花人，尤其我一才子同学，不仅成天上传赏花的照片，还成天给每一种花吟诗作词，看得我直觉得我干嘛还要拍那许多花呢，到处都是现成的照片呀。

就在刚才，我在QQ里问了一位爱摄影的朋友一个问题：你干嘛要拍这么多的照片呢，有些地方，有些景物你都拍了好多次了。他说：换个视角，又不一样了呀。这句话一下触动了我，记得《老照片》第二辑"书末感言"《视角》里说道："美国作家爱默生曾不无风趣地谈到变换视角的奇妙，他说，哪怕你头朝下试着从双腿间向外看，也会发现一幅美妙的风景。"我每天忙着看微信朋友圈、QQ空间里的照片，既是在看他人的生活，看外面的世界，也是在看各种各样的视角吧。

请多多拍下生命里让我们心动的瞬间吧，不管是为了记录生活，为了艺术，为了享受其中的过程，为了显摆，为了消遣，还是别的什么，让那些吉光片羽成为我们素年里的锦时，让那些雪泥鸿爪供我们在岁月的缝隙里回味。

薇薇安与老照片

冯克力

岁末应曾毅先生之邀，去看了由他策划的薇薇安·迈尔摄影作品展，并参加了有关薇薇安的研讨活动。关于薇薇安其人，曾毅先生在本辑《老照片》里已有专文介绍。

我想说的，是薇薇安与老照片的关系。

从展出的照片看，薇薇安摄影活动的巅峰期是上世纪五六十年代。由于种种原因，这些照片一直在沉睡，到2007年被发现时，已过去了差不多半个世纪。因此我们今天面对她的作品，已非薇薇安同时代人的即时性观看，而是在看老照片。在经历了半个世纪的世事沧桑之后，我们的观感与那时的人们自会有很大的不同。而这种差异，自然也会影响到对薇薇安作品价值的认知与评判。

在随展览滚动播放的纪录片《寻找薇薇安》里，我注意到曾经长期雇佣薇薇安的一家女主人，还是报社的一名图片编辑。薇薇安天天端着相机拍来拍去，还拍她的居家、她的孩子，而这位图片编辑却没有留意到她的天赋。就算薇薇安不想将其拍摄的照片示人，但假如这位图片编辑看好的话，也会动员她拿去发表吧，但她并没有这样做，至少在纪录片里我们看不出她曾有过这方面的努力。据此我们是不是也可以理解为，薇薇安是一个不被彼时认可的摄影家，抑或她拍的这些照片，在那个时代不太符合发布、传播的潮流？

然而，薇薇安终究没有被埋没。这似乎又应了苏珊·桑塔格说过的："所有的照片，都会由于年代足够久远而变得有意味和感人。"桑塔格的这句话，或许也有助于解释薇薇安一经面世带给世人的震撼与冲击吧。

图书在版编目（CIP）数据

老照片.第105辑/冯克力主编. —济南：山东画报出版社，
2016.2
ISBN 978-7-5474-1749-2

Ⅰ.①老… Ⅱ.①冯… Ⅲ.①世界史－史料②中国历史－现代史－
史料 Ⅳ.①K106 ②K260.6

中国版本图书馆CIP数据核字（2016）第002527号

责任编辑　冯克力　赵祥斌
装帧设计　王　芳
主管部门　山东出版传媒股份有限公司
出版发行　山东画报出版社
　　　　社　　址　济南市经九路胜利大街39号　邮编 250001
　　　　电　　话　总编室（0531）82098470
　　　　　　　　　市场部（0531）82098479 82098476（传真）
　　　　网　　址　http：//www.hbcbs.com.cn
　　　　电子信箱　hbcb@sdpress.com.cn
印　　刷　山东临沂新华印刷物流集团
规　　格　140毫米×203毫米
　　　　　　　6印张　118幅照片　120千字
版　　次　2016年2月第1版
印　　次　2016年2月第1次印刷
定　　价　20.00元